La Bibliothèque du citoyen

Cette collection, au-delà du monde universitaire, s'adresse à un public citoyen, intéressé et sollicité par les grands thèmes qui font débat dans l'actualité.
Interdisciplinaire dans sa vocation et par l'identité même de ses auteurs, ouverte sur les problèmes de la société française comme sur ceux de l'Europe et du monde, elle entend participer, à sa façon, aux grandes controverses publiques.
L'objectif de la collection est donc de proposer à des intellectuels, des universitaires ou des chercheurs de renom de donner « à chaud », sur une question essentielle, d'ordre politique, économique ou social, le point de vue auquel ils sont parvenus à l'issue de leur réflexion ou de leur recherche.
En veillant à ne pas laisser le débat sur la cité aux seuls professionnels de l'opinion, les Presses veulent démontrer que les sciences sociales peuvent sortir d'elles-mêmes et avoir une utilité sociale.
En abandonnant leur lourdeur sans rien abdiquer de leur rigueur, en devenant accessibles au citoyen motivé par les questions de son temps sans tomber dans les facilités du marketing d'opinion, les sciences sociales peuvent ainsi apporter leur témoignage avec clarté et concision, combattre des clichés et dénoncer les facilités.
Ouvrages courts, allégés de leur appareil critique comme des pesanteurs des démonstrations techniques, les livres de La Bibliothèque du citoyen ne sont pas des synthèses académiques mais des moyens d'expression rapide et directe mis à la disposition de la communauté intellectuelle.
Portant sur une question ou un enjeu et non sur un objet d'encyclopédie, ils éclairent, sans fioritures inutiles, un débat public qui souffre tour à tour de simplisme et d'inutiles confusions.
La Bibliothèque du citoyen œuvre ainsi concrètement à la construction d'une cité réellement participative.

KEYNES
OU
L'ÉCONOMISTE CITOYEN

DU MÊME AUTEUR

Éléments de politiques économiques : l'expérience française de 1945 à 1981, Toulouse, Privat, 1986.

Des économistes au-dessus de tout soupçon, Paris, Albin Michel, 1990.

Jacques Delors artiste et martyr, Paris, Albin Michel, 1992.

Pertinentes questions morales et sexuelles dans le Dakota du Nord, roman, Paris, Albin Michel, 1995.

Lettre ouverte aux gourous de l'économie qui nous prennent pour des imbéciles, Paris, Albin Michel, 1999.

En collaboration :

Les politiques économiques conjoncturelles (en collaboration avec Alain Couret), Paris, PUF, 1990.

Ah ! Dieu ! Que la guerre économique est jolie (en collaboration avec Philippe Labarde), Paris, Albin Michel, 1998.

LA BIBLIOTHÈQUE
DU CITOYEN

Bernard Maris

KEYNES
OU
L'ÉCONOMISTE CITOYEN

PRESSES DE SCIENCES PO

Catalogage Électre-Bibliographie (avant publication)

Maris, Bernard
Keynes ou l'économiste citoyen. – Paris : Presses de Sciences Po, 1999.
– (La Bibliothèque du citoyen)
ISBN 2-7246-0782-1

RAMEAU :	Keynes, John Maynard keynésianisme
DEWEY :	330.5 : Économie générale. Écoles de pensée économique
Public concerné :	Tout public

Couverture : Emmanuel Le Ngoc

ISSN 1272-0496

Introduction

Redécouvrir Keynes

Qu'aurait-il pensé de la « globalisation » des économies ? Probablement peu de bien, comme de ces périodes où l'économie se libère de la tutelle des institutions et des hommes, ainsi l'entre-deux-guerres. Était-il « dirigiste » pour autant, épithète malheureuse que lui a collée l'histoire des idées ? Non. Il voulait libérer l'esprit d'entreprise. Était-il « socialiste » ? Encore moins. « Social-démocrate » peut-être, ami des consommateurs et des masses laborieuses ? Guère. La « populace grossière et mal édu-quée » répugnait à cet aristocrate, et, s'il n'aimait pas les autres économistes, il en est un qu'il méprisa particulièrement : Karl Marx. Quant à la consommation de masse, avec son cortège de centres commerciaux et de bouchons sur des périphériques, elle aurait été l'antithèse de ce qu'il pouvait conjuguer avec le mot « civilisation ».

Car si la civilisation a quelque chose à voir avec la vie de la Cité, alors, Keynes fut profondément, viscéralement, un économiste citoyen. Amoureux de cette merveilleuse ville sur la rivière Cam, sur laquelle il canota souvent,

Cambridge, sa ville, dont sa mère devint premier magistrat, Cambridge centre de l'Angleterre elle-même centre du monde, il fut obsédé par la culture, les arts, le théâtre, l'amitié et la bonne vie – un des rares regrets de cet homme mort jeune, à la vie si bien remplie, fut de ne pas avoir assez bu de champagne. L'économie ? Il ne pouvait la concevoir hors de la vie des hommes en société, que l'on imaginera à Athènes près de l'Acropole ou dans la demeure d'Agathon, dans la société des Apôtres à Cambridge, ou avec ses amis de la villa *i Tati* près de Rome. On ne peut comprendre l'économiste Keynes, entrer dans une pensée diverse, riche, contradictoire, mais indiscutablement la plus grande pensée économique du siècle, en dissociant un seul instant les mots « économie » et « civilisation ». Voilà pourquoi l'économie de Keynes est d'une brûlante actualité, bien au-delà des « politiques de relance », des « baisses du taux d'intérêt », des recettes pour cuisines de ministères ou des ponts aux ânes pour étudiant en macroéconomie.

Quel économiste aujourd'hui pense à la Cité ? Aucun. Tous ont l'œil rivé sur le PIB, triste Moloch, qui mastique aussi bien des gaz d'échappement que des kilos de nourriture. Quel économiste écrit pour ses petits-enfants, comme Keynes ? Aucun. Tous écrivent pour l'urgence du demi-point de croissance ou du quart de point de pression fiscale, quand ce n'est pas pour révérer le « marché » ou la « concurrence » dans un fatalisme de religion primitive.

Qui oserait dire de sa science toute-puissante, qu'il faut qu'elle « revienne enfin à l'arrière-plan » ? Il est vrai que « l'homme le plus intelligent de son siècle » (Roy Harrod), tellement intelligent et redoutable « que l'on avait le sentiment, parlant de lui, de tenir sa vie entre ses mains » (Bertrand Russell), pouvait se permettre de remettre la science économique qu'il aimait à sa place. Keynes est un pur économiste. C'est-à-dire qu'il ne peut envisager la réflexion économique sans l'art, la politique, le bien-être.

Il ne faut surtout pas entrer dans Keynes par la porte de la macroéconomie, même si la macro de Keynes est encore, nous le verrons, révolutionnaire, même s'il ouvre une brèche définitive dans le carcan de l'économie orthodoxe, et même s'il clôt, à notre sens, l'économie. Avec Keynes, la dernière page de l'économie est écrite. Oui, les agrégats, la comptabilité nationale, le chômage de superproduction, la politique monétaire, tout cela est très important, mais n'est pas Keynes. Et puis les exégètes, les savants, les faiseurs de modèles d'équilibre ou de déséquilibre ont tellement ajouté de sédiments à cette pensée pour l'encenser ou la désavouer que personne n'osera aller directement à la *Théorie générale*, bien plus heureux de piocher directement dans le manuel les fiches-lectures adéquates que de s'enfoncer dans un livre hélas ! difficile, car destiné au départ à de grands amateurs de phrases compliquées : les professeurs d'économie qui, hors du jargon (et rien de tel que quelques kilos d'équations pour jargonner), respirent mal.

Aussi, le curieux ou l'honnête homme désireux de connaître Keynes, avant de lire la *Théorie générale* [1], devrait-il découvrir un grand style dans ses *Essays in Biography* (petite préférence pour le portrait de Marshall), dans les

1. On trouvera, à la fin de ce volume, la liste des œuvres de Keynes : trois titres sont accompagnés des abréviations utilisées dans le corps du texte chaque fois que nous nous y référons.

Perspectives pour les petits-enfants ou dans *Les conséquences économiques de la paix*, le pamphlet qui le rendit mondialement célèbre. Peut-être les générations futures auront-elles à leur disposition sa volumineuse correspondance avec Lytton Strachey, grand écrivain et grand homosexuel, que le frère de Keynes faillit détruire ! Le curieux a la chance d'avoir d'excellentes et volumineuses biographies de Keynes (Moogridge, Skidelsky et Hession en français [1]) et d'excellents ouvrages synthétiques de son économie (Combemale, Orio et Quilès par exemple).

L'objet de ce petit livre est plus modeste et plus prétentieux : faire comprendre, dans une période de folie ou d'horreur économique, à travers la pensée de Keynes, que le plus grand économiste de son temps avait remisé l'économie au vestiaire ; que l'homme qui pulvérisa définitivement et sans espoir de résurrection la pensée de la « main invisible » (la pensée du marché qui s'équilibre automatiquement, si on le laisse faire, par la loi de l'offre et de la demande, pour le plus grand bonheur de l'humanité), la vulgate libérale autrement dit, avait constamment, dans son projet scientifique, un souci de « civilisation ».

L'économie est morte, vive la Cité, dit Keynes. Il prévoyait qu'elle verrait le jour vers 2030…

1. Voir bibliographie.

Chapitre 1

Genèse d'une pensée

Sans doute n'eût-il pas dû fréquenter autant les artistes. Il n'eût pas acquis ce goût immodéré de la dépense, lui qui sut faire méthodiquement fortune. De là à dire que sa vie détermina la *Théorie générale*, il y a un pas qu'il ne faut pas franchir. On peut toujours chercher l'origine de l'*Émile* dans l'abandon de ses enfants par Rousseau ou l'invention de l'ordinateur par von Neuman dans sa capacité de mémoire quasi absolue. Certains biographes, notamment Hession, voient dans l'homosexualité de Keynes une des clefs de sa pensée. Beaucoup plus important est le fait qu'il ait été l'un des derniers capables d'embrasser la totalité des sciences et des lettres de son temps, comme Newton autrefois, auquel il voue une admiration sans réserve et consacre sa dernière recherche. Il est un des derniers esprits universels, ce qui explique qu'il puisse relativiser cette jeune, puissante et arrogante science qu'il contribue à faire naître avec son maître Marshall, l'économie. Mais l'économie, la statistique (qui lui procure un plaisir aussi grand que le plaisir sexuel, écrit-il à Strachey), l'argumentation des chiffres et des concepts seront sa plus grande passion. Il est celui qui a porté l'art de l'économie politique à son sommet. Pour cette raison, il annonce la fin de l'économie, et non sa naissance, comme le crurent les tenants de la politique fiscale ou des stabilisateurs automatiques du budget, ces instruments désormais classiques de la gestion des finances publiques.

Il voit les deux murs que la science économique ne saura jamais franchir : le temps (le futur, l'avenir, l'incertain) et la psychologie des hommes. Pratique, modeste et civilisée, telle sera l'économie prônée par le plus grand théoricien de son temps.

Le plus grand ? En tout cas celui qui introduisit en économie les notions d'incertain, d'anticipation, de prophéties autoréalisatrices, qui découvrit une théorie originale du taux d'intérêt, pulvérisa la vieille économie orthodoxe et la notion d'équilibre, brisa la poigne de fer de la main invisible, du marché autorégulateur et de la rationalité des agents, proposa un concept nouveau du marché, et, pour finir, osa fonder sur la monnaie l'analyse économique. Le temps et l'argent enfin appréhendés. Pas mal non, pour une « science » qui prétendait les ignorer ?

Eton, Cambridge

John Maynard Keynes (on n'utilise que le second prénom), aîné de trois enfants, est né à Cambridge le 5 mars 1883, au 6 Harvey Road. Son père, John Neville Keynes, était chargé de cours à l'Université en logique et économie politique ; sa mère, Florence Ada née Brown, diplômée de Cambridge également. Les Keynes se marièrent l'année où l'interdiction de convoler fut levée pour les enseignants d'Université, et Maynard put se vanter d'être le premier fils issu des noces de deux diplômés de Cambridge. Florence Ada fut une pionnière de l'action sociale en Grande-Bretagne, prit part à la formation de l'Union nationale des femmes ouvrières, fut présidente du Conseil national des femmes, et maire de Cambridge en 1932.

John Neville publia, un an après la naissance de Maynard, *Studies and Exercises in Formal Logic*, plusieurs fois réédité, et en 1890 *Scope and Method of Political Economy.* Il devint docteur, professeur de sciences morales mais, pusillanime, refusa de postuler pour une chaire d'économie politique à Oxford ou d'assumer la rédaction de l'*Economic Journal* malgré les pressions de son ami Marshall. Il s'orienta vers l'administration universitaire. C'était un homme anxieux, hypocondriaque (une « affection » dont souffrit également le fils, plutôt maladif il est vrai), un peu snob, cultivé, élégant, puritain mais progressiste, bref un petit-bourgeois victorien aisé (son père avait acquis du bien dans le commerce des roses et des dahlias), aimant les jardins, les fleurs, les papillons, les vins, le théâtre, le tennis, le golf (qu'il pratiquait très mal et frénétiquement, à peine mieux que son fils, absolument inapte à aucun sport), les jeux (les échecs notamment), les collections. Il était un peu maniaque, et Maynard acquit sans doute de son père un certain attrait pour les statistiques et les comptabilités (il comptabilisa soigneusement ses amants par exemple), ainsi qu'un goût des collections de toutes sortes, au sommet desquelles celles de livres anciens et de tableaux de maîtres qu'il accumula toute sa vie.

Qu'advient-il des enfants doués dans une famille aisée, un peu au-dessous des « éminents victoriens », comme aurait dit Lytton Strachey, extrêmement attentive à l'éducation ? Margaret, la cadette d'un an de Maynard, épousa le futur prix Nobel Archibald Vivian Hill. Geoffrey, le benjamin, devint un grand chirurgien, général dans la Royal Air Force durant la seconde guerre mondiale, édita William Blake et fut un bibliographe de renom. Il épousa la petite-fille du grand Darwin.

Maynard est d'abord un élève brillant. Il entre à Eton, symbole de la classe dominante anglaise, premier en mathématiques. Il décroche les prix les plus prestigieux en mathématiques et en lettres. Il se passionne pour le théâtre et la poésie, en particulier une poésie latine de saint Bernard de Cluny, thème de sa première « recherche », connaît ses premières amours. Pendant la guerre des Boers, il fait partie des pacifistes, préfigurant son attitude pendant la Grande Guerre.

Que choisir ? Lettres ou mathématiques, puisqu'il pouvait être boursier dans les deux cas à King's ? Mathématiques. À Cambridge, il rencontra Leonard Woolf, Toby Stephen (le frère de Virginia – qui épousera Leonard Woolf – et de Vanessa – qui épousera l'un des premiers amants de Maynard, le peintre Duncan Grant), l'écrivain Lytton Strachey. Avec l'écrivain Bunny Garnett, le critique d'art et galeriste Roger Fry et d'autres, ces jeunes gens immoraux et doués composeront le groupe artistique et littéraire de Bloomsbury. Leonard Woolf et Lytton Strachey, le futur auteur du best-seller *Eminent Victorians*, l'introduisent dans le sanctuaire du sanctuaire, la Cambridge Conversazione Society, ou société des « Apôtres ». Cambridge voyait se côtoyer les plus grandes intelligences du monde, et les Apôtres étaient la crème de Cambridge. Tennyson, Whitehead, Russell, Moore, Ramsey, Hardy, Wittgenstein furent Apôtres [1].

Maynard fut très fortement influencé par le jeune philosophe George Edward Moore, qui publia les *Principia Ethica*, philosophie idéaliste qui valorise « le plaisir des relations humaines et la joie devant les beaux objets » : toute sa vie, Maynard devait respecter ce principe. Moore est le prophète de la « divine camaraderie » qui imprégna le groupe de Bloomsbury, dédaigneux du puritanisme victorien, de l'utilitarisme benthamiste, facétieux, aimant la vie collective mais avare de sentiments sociaux. « Nous répudions entièrement les mœurs coutumières, les conventions, la sagesse populaire. Nous étions, il faut le dire, au sens strict du terme, des immoralistes. » (*My Early Beliefs*, 1938.) Un essai sur le philosophe Edmund Burke lui fit obtenir un nouveau prix.

Vocation d'économiste

À 21 ans, Maynard éprouve une sorte de coup de foudre pour l'économie découverte à travers Marshall et Jevons. « L'économie me donne de plus en plus de satisfactions et je crois que je suis doué pour la chose. Je veux diriger une société de chemins de fer ou monter un trust » (à Lytton Strachey). Deux ans plus tard, il réussit le concours de la haute fonction publique, le *Civil Service*, est reçu second à cause d'une mauvaise note en économie politique, et doit accepter le Bureau des affaires indiennes,

1. Et aussi les célèbres espions Guy Burgess et Kim Philby !

où il passe deux ans somnolents, de 1906 à 1908. Sa première tâche sera de surveiller l'embarquement de dix taureaux à destination de Bombay. Heureusement, le calme des bureaux lui permet de découvrir la théorie des probabilités et il décide de présenter une recherche sur ce thème pour appuyer sa candidature d'assistant en mathématiques à King's. Il milite à côté des suffragettes, loue des salles pour leurs meetings, participe à leurs marches (dont « la marche de la boue »), voyage, et les voyages (Italie, Côte d'Azur, Tunisie, Alpes, Pyrénées, Allemagne, plus tard Russie) joueront un grand rôle dans sa vie.

Par chance pour les économistes, sa thèse sur les probabilités est refusée par le logicien Whitehead en 1908 – elle sera acceptée un an plus tard avec les éloges ; Russell, peu prolixe de compliments, considérera que la théorie des probabilités de Keynes (développée dans *A Treatise on Probabilities*) est d'une grande originalité. Et, deuxième chance pour les économistes, Alfred Marshall lui propose un poste d'assistant en économie. Il accepte avec soulagement.

En 1911, toujours grâce à Marshall, persuadé d'avoir affaire à un génie, il devient rédacteur en chef de *The Economic Journal*, organe officiel de la Royal Economic Society. Il le restera pendant trente-trois ans, seul, sauf en 1919 où Edgeworth sera rédacteur en chef adjoint, Keynes étant trop occupé au Trésor.

Vocation monétaire

Un mois plus tôt, il avait publié dans le *British Journal* une critique de l'ouvrage d'Irving Fisher, *The Purchasing Power of Money* avant de s'atteler à la rédaction de *Indian Currency and Finance*, son premier ouvrage. C'est donc la question monétaire et la question politique qui fondent la réflexion du jeune Keynes.

Indian Currency and Finance traite d'un problème lancinant chez Keynes, l'étalon de monnaie et la Banque centrale. Keynes prend position pour l'étalon-or et l'autonomie, liée à lui, de la Banque centrale indienne. Ce n'est pas, comme on l'a prétendu souvent, une position contradictoire avec celle de l'abandon de l'étalon-or en Grande-Bretagne qu'il soutiendra en 1925 dans un petit pamphlet, *The Consequences of Mr Churchill*. La conjoncture est différente et la question première est ici celle de l'autonomie de la politique économique indienne. D'ailleurs, sa défiance vis-à-vis de la « relique barbare » (l'or) apparaît déjà dans cette phrase : « Le gouvernement ne devrait jamais encourager le goût enraciné pour la rétention de l'or-métal. » Et déjà se révèle son animosité pour le rentier, ce personnage qu'il poursuivra de sa vindicte tout au long de sa vie, jusqu'à vouloir l'euthanasier ! Des réserves de papier, ajoutait-il, doivent être constituées concurremment à celles de l'or, et en aucune manière le métal jaune ne devrait circuler.

Le style n'est pas encore virulent et ironique, même si l'on y relève quelques piques contre l'*establishment* (Keynes, de sa vie, ne sera jamais admis par la *City*). Selon une habitude qui deviendrait sienne, il appuie son livre sur l'argumentation d'un feu nourri d'articles dans la presse.

Nommé membre de la Commission royale sur la monnaie indienne, il révèle une pugnacité et une capacité de travail qui ne le quitteront jamais. « Il lui était apparemment incapable de se détendre » (Michael Holroyd). À la veille de la guerre de 1914, son rapport ainsi que son livre sur la monnaie et les finances indiennes sont publiés, et Alfred Marshall se déclare tout simplement « ébloui ». Ces travaux révélaient un jeune économiste prodige. La Grande-Bretagne lui fera désormais largement confiance pour étudier et tenter de résoudre les questions financières jusqu'à Bretton Woods (1944), deux ans avant sa mort.

La guerre

La guerre de 1914 allait voir se consolider un groupe artistique dont Maynard serait un des piliers intellectuel et… financier. Virginia Woolf, sa sœur Vanessa et ses frères Toby et Adrian découvrirent le 46 Gordon Square dans le quartier de Bloomsbury. Maynard emménagea non loin avec le peintre Duncan Grant au 21 Fitzroy Square, puis au 38 Brunswick Square pour une vie « communautaire » avec Virginia Woolf et Leonard Woolf. « La cage aux lions du zoo » (disait Virginia Woolf) évoque le groupe surréaliste. On y discutait beaucoup d'art, de liberté sexuelle, d'androgynie, thème très bloomsburien [1], de féminisme. Les mœurs étaient plutôt libres, mais la discussion primait (« Discussions, discussions, comme si l'on pouvait parler de tout », Virginia Woolf). On y parlait beaucoup de Freud et de psychologie. Les Woolf et James Strachey (le frère de Lytton, psychanalysé par le maître à Vienne et psychanalyste) publièrent et traduisirent Freud en Grande-Bretagne.

1. Lire *Orlando* de Virginia Woolf.

Keynes était un débatteur et un ratiocineur extraordinaire. Virginia Woolf, Bertrand Russell ont souvent dit avoir eu l'impression de devenir fous en discutant avec lui. Lloyd George, qui ne l'aimait pas, le considérait comme « un pur acrobate mental ». Sa mauvaise foi perçait parfois sous sa brillante intelligence. Il était conscient de sa supériorité et souvent cruel. Mais il se révélait aussi un incomparable auditeur, un excellent récupérateur d'idées, ouvert, le contraire d'un homme sectaire, capable de trier et d'adopter rapidement les arguments qu'il venait de critiquer. Cette capacité d'écouter et de soumettre sans trêve à la critique ses réflexions et ses recherches sera une des forces du chercheur : la *Théorie générale* naîtra dans la critique enthousiaste du « Cirque de Cambridge », groupe de jeunes économistes perclus d'admiration dont l'un des plus brillants fut Richard Kahn, l'inventeur du « multiplicateur d'investissement » à côté de Joan Robinson, Piero Sraffa et d'autres.

Les bloomsburiens écoutèrent et critiquèrent souvent leur vilain petit canard (le seul à gagner et à gérer beaucoup d'argent) et l'aidèrent à accoucher du livre qui allait le rendre célèbre au lendemain de la guerre, *Les conséquences économiques de la paix*. En sens inverse, les artistes, qu'il plaçait au pinacle, le fascinaient. Il n'écrivit pas de roman, ne tint pas de journal, ne peignit pas, mais adora les livres et les tableaux qu'il sut habilement collectionner (il ramènera en pleine guerre pour son compte, suite à une mission en France pour la National Gallery, un Cézanne, un dessin d'Ingres et deux esquisses de Delacroix).

Irrévérend, facétieux (Virginia Woolf, sa sœur et son frère, déguisés en « officiels » d'un vague pays indigène, se firent rendre les honneurs sur un bateau de la Royal Navy), immoral, Bloomsbury était aussi pacifiste.

Pendant la guerre, Keynes devint membre de la division n° 1 du Trésor (les finances). Bloomsbury était objecteur de conscience, et Keynes soutint ses amis dans leurs procès. Lui-même exempté du service pour « travaux d'importance nationale », il eut néanmoins le courage de demander, en février 1916, une exemption pour objection de conscience. Lytton Strachey lui demandant, ironique, pourquoi il continuait alors de travailler pour le Trésor, il répondit que c'était d'abord pour le plaisir. Réponse très keynésienne. Il montra dans cette période de grandes capacités de négociateur vis-à-vis des Alliés, doublées d'une grande virtuosité dans la rédaction des rapports. On la retrouvera dans la préparation de Bretton Woods.

Les conséquences économiques de la paix

Keynes assista à la Conférence de la paix en tant que représentant en chef du Trésor avec le pouvoir de parler au nom du chancelier de l'Échiquier si on le requérait. N'étant pas le seul du Trésor, et n'étant pas membre de la commission des Réparations, il fut donc plus spectateur qu'acteur. Cependant, ses prises de position et ses libelles sur la nécessité d'annuler les dettes interalliées, puis de ne pas affamer l'Allemagne, et finalement contre le traité de paix lui-même, contribuèrent à ce que le traité – hélas ! – soit rejeté par les États-Unis.

Les slogans qui avaient dominé les récentes élections britanniques étaient : « Pendons le Kaiser », « Faisons payer l'Allemagne, et pressons le citron jusqu'à ce que les pépins craquent ». Les Français penchaient, eux, pour une « paix carthaginoise ». Keynes raconte les premières négociations dans un mémoire qui ne sera publié qu'après sa mort : *Docteur Melchior, un ennemi vaincu*, récit autobiographique qui a tout le charme d'une belle œuvre de fiction. Il y déploie un art du portrait absolument surprenant, que l'on retrouvera bientôt dans *Les conséquences économiques de la paix*.

Ayant démissionné en juin 1919 avant la signature du traité, il participa à la vie mondaine londonienne. On commençait de le voir au bras de l'étoile des ballets russes, la très belle Lydia Lopokova. Et, soudain, il écrivit, en moins de deux mois, « une des plus belles polémiques de la langue anglaise » (Harrod). Célébrité londonienne, il allait devenir une célébrité mondiale.

Les conséquences économiques de la paix sont un pamphlet écrit par un écrivain d'un talent exceptionnel et confiant. Prévoyant que ce serait un succès, Keynes, qui l'avait d'abord promis à son vieux copain d'Eton McMillan, le publia à compte d'auteur, ne laissant à McMillan que 10 %. L'ouvrage se vendit à plus de 140 000 exemplaires et fut traduit en toutes les langues. Il connut, évidemment, un grand succès en Allemagne. Il comportait d'abord des portraits assez extraordinaires, dont celui, pathétique, de Clemenceau, et ceux venimeux de Lloyd George (« la femme fatale ») et de Wilson. On a prétendu que sa technique du portrait était supérieure à celle de Lytton Strachey dans son *best-seller* également, plus jeune d'un an, *Eminent Victorians*. Keynes, en tout cas, fut influencé par Strachey, et l'un et l'autre le furent par Freud, qui salua les deux auteurs.

Le livre fustige la « mauvaise foi des Alliés » et contient une analyse politique puissante et simple : 1. L'Allemagne ne pourra pas payer, elle sombrera dans le bolchevisme ou pire ; anticipant une guerre civile allemande, il prédit que « la revanche ne traînera pas » ; 2. La reconstruction économique de l'Europe ne peut se faire sans l'Allemagne, qui doit être l'un des facteurs de la croissance économique européenne.

Les grands thèmes keynésiens, l'excès d'épargne, l'impossibilité de l'accorder *a priori* avec l'investissement, thème essentiel de *The End of Laissez-faire* (1926), et surtout du *Treatise on Money* (1930) puis de la *Théorie générale de l'emploi, de l'intérêt et de la monnaie* (1936), l'amour désastreux de l'argent pour l'argent, et la faiblesse corrélative de la consommation, par l'incapacité des classes possédantes à transférer une partie de leur pouvoir d'achat aux classes les plus pauvres, sont déjà présents dans le livre. Les keynéphiles y trouveront sans doute une ébauche de *Plan Marshall*, et, mieux, une ébauche de construction européenne. Certes, il ignore une large part de la réalité économique, en particulier de la réalité économique française, méconnaît la politique de la sécurité de la France, et contient, dans son désir de convaincre, un soupçon de mauvaise foi : « l'économiste a le devoir de convaincre les politiques », affirmait-il...

L'ouvrage fut salué comme un livre inspirateur par le grand économiste autrichien Joseph Schumpeter. En termes de méthodologie, son originalité tient à l'appel à la psychologie que l'on retrouvera dans la *Théorie générale*, ainsi qu'à un mélange d'intuition, de faits et de « force de conviction » qui sont la pâte des écrits keynésiens. *Les conséquences économiques de la paix* sont plus qu'un pamphlet. Elles contiennent un vrai message d'espoir, un appel un peu pathétique, après l'horreur de 1914-1918, à la fin de la barbarie, à l'humanité. Méchant fut Keynes, injuste parfois, jamais cynique. Preuve de sa stature publique, il fut proposé en 1923 pour le prix Nobel de la paix.

Curieusement, sa célébrité, sa vie de star au bras d'une star, ses nombreux articles dans la presse, son travail de journaliste (fort bien rémunéré) ou de correspondant, et bientôt ses nouvelles responsabilités professionnelles au moment où il démissionnait de l'Université en 1919 (dans la banque, l'assurance, à la tête d'un fonds d'investissement) allaient le conduire vers… la réflexion académique et théorique.

Chapitre 2

Docteur Freud and Mister Keynes

Avant d'arriver à l'économie et à la philosophie de Keynes (nous avons déjà une petite idée de sa *Weltanschaung*), il nous faut prendre un second sentier détourné. Le premier passait par Virginia Woolf et ses amis, le second passe par le docteur Freud.

Ignorer Freud en économie – et particulièrement dans l'œuvre de Keynes, grand lecteur et admirateur de Freud – est à peu près équivalent à ignorer Einstein en physique. C'est peut-être difficile à croire, mais l'économie orthodoxe voulut créer une science ignorant l'argent. Ainsi la théorie quantitative de la monnaie, pilier de l'économie orthodoxe, est une théorie de la « neutralité » de la monnaie. La monnaie n'a pas d'incidence sur l'économie. L'économie orthodoxe postule également la rationalité des individus : ce sont de simples considérations de coût-avantages qui en guident les décisions.

Keynes prit le contre-pied exact de ces deux positions étranges. Les motifs irrationnels et pulsionnels pour la détention d'argent appartiennent, dit-il, à une régression infantile : la monnaie est conservée pour elle-même, comme symbole. À cette régression des individus peut correspondre un état pathologique de la société, la dépression.

Les références de Keynes à Freud sont nombreuses. Le 29 août 1925, le journal *Nation and Athenaeum* réalise un supplément sur Freud. Keynes, qui est rédacteur en chef des suppléments, écrit une lettre « anonyme » à l'éditeur, intitulée « La psychanalyse freudienne », un éloge du maître de Vienne, qui est aussi une sorte d'auto-éloge : « Le professeur Freud me semble doté, jusqu'au génie, de l'imagination scientifique qui peut construire de nombreuses idées novatrices, de bouleversements, d'hypothèses de travail qui puisent leur fondement dans l'intuition et l'expérience quotidienne, et qui contiennent à la fois des théories qui pourront éventuellement être écartées et des théories de valeur permanente. » (*CW*, 29, p. 392.)

Un passage du *Treatise on Money* (1930) contient des références significatives à la théorie freudienne de l'amour de la monnaie, développée par Freud lui-même ou par ses disciples Ferenczi et Jones. Dans son mémoire de 1938, *My Early Beliefs*, Keynes considère que lui et les Apôtres étaient préfreudiens au sens de précurseurs de Freud. Indiscutablement. Leonard Woolf, pilier de Bloomsbury et Apôtre, raconte comment Strachey et lui-même avaient inventé une méthode d'introspection appliquée aux membres de Bloomsbury, que l'on pourrait qualifier d'« auto-analyse obligatoire ». Adrian, le frère de Virginia, et son épouse, Karin Costelloe, deviendront psychanalystes ; James Strachey et son épouse également, avec le privilège d'être analysés par le maître de Vienne. Pour la petite histoire, James et Maynard eurent une relation.

Freud ne cacha pas son admiration pour le portrait psychologique du président Wilson brossé par Keynes dans *Les conséquences économiques de la paix* (il publia lui-même un portrait de Wilson). Lecteur de Keynes, il était également un lecteur de Lytton Strachey, auquel il écrivit qu'il était « marqué par l'esprit de la psychanalyse ».

La conception freudo-keynésienne de la monnaie

Deux mythes, fréquemment évoqués par Keynes, permettent de comprendre sa conception intime, profonde de la monnaie : la poule aux œufs d'or, et Midas.

La « poule aux œufs d'or », « l'âne qui fait des ducats » sont des contes ou des mythes qui renvoient à l'origine érotico-anale du désir d'argent, tel qu'il a été développé par Ferenczi dans « Character and Erotism Anal » (1914), article bien connu de Keynes dont il reprend le thème dans « Auri sacra fames » (1930, *Essais sur la monnaie et l'économie*, p. 80) : « Le docteur Freud enseigne qu'il y a des raisons particulières dans notre inconscient pour que l'or satisfasse des instincts très forts et serve de symbole. » Le caractère érotico-anal de la perception de l'argent naît dans la petite enfance. Le désir de l'argent en soi, d'argent pour l'argent, est profondément infantile. Cela explique le caractère « inachevé », insatiable, infantile du capitalisme. Le capitalisme n'existe qu'en grandissant. Il est un système immature et transitoire. Keynes pensait, avec Ricardo, Marx, Malthus, Stuart Mill, que le capitalisme était un système dynamique (introduire la « dynamique » dans l'analyse économique ne fut pas la moindre de ses révolutions), provisoire, qui devait déboucher sur autre chose. Il était, pensons-nous, profondément stationnariste, réclamant un contrôle de la population et une société apaisée, adulte, respectueuse, ayant le privilège de se consacrer aux arts, à la culture et à la philosophie.

Second mythe, celui de Midas. Midas meurt de trop désirer l'or, et de ne pouvoir consommer tout ce qu'il touche qui se transforme en or. Certes, cet amour anormal est essentiel dans le fonctionnement capitaliste. Le capitalisme, c'est l'argent qui fait de l'argent, en passant par la marchandise (A-M-A' [1], dirait Marx – c'est l'une des rarissimes concessions que fera Keynes à Marx – et non M-A-M comme le prétendent les économistes classiques). Mais le désir d'accumuler de l'argent pour l'argent peut avoir des conséquences terribles. Le trop d'épargne peut ruiner l'économie capitaliste.

Midas et la « poule aux œufs d'or » sont les deux faces d'une même pièce, le « fétichisme de la liquidité » – et le lecteur ne manquera pas de sourire à cette expression, songeant au « fétichisme de la marchandise » du jeune Marx. Le paradoxe de Midas est que sa peur infantile de la mort (mais l'adulte est-il jamais débarrassé de cet infantilisme ?), qui le conduit à désirer de plus en plus de pouvoir sur les choses à travers la richesse, le conduit à la mort. L'avare meurt sur sa pile d'or, le rentier se noie dans la liquidité. Quelle meilleure parade contre les hasards, le futur, que la possession d'argent ? « Car l'importance de l'argent tient à ce qu'elle est un lien entre le présent et le

1. Argent-marchandise-plus d'argent.

futur. » (*TG*, p. 293.) La mort est inéluctable. Et l'argent, le pont entre le présent et le futur, est un vain bouclier contre cette inéluctabilité. En désirant la liquidité pour elle-même, je refuse mon futur, et je meurs, comme Midas, par crainte de la mort. Qui peut mieux nous leurrer et nous faire croire que nous sommes immortels, que notre inconscient, lequel, comme Freud nous l'enseigne, ignore le temps, l'espace et la mort ?

Ainsi quel que soit l'angle où on la considère, la théorie keynésienne de l'argent renvoie à la conception freudienne de l'argent. La présence de l'inconscient derrière l'« abondante libido » ou les « esprits animaux » des hommes d'affaires est là pour nous rappeler que l'homme n'est pas rationnel.

La rationalité

Midas n'est pas un homme rationnel. Keynes n'a jamais cru en la rationalité des décisions en économie. Notre relation à l'argent est impulsive et inconsciente, et les hommes, dans la sphère économique, agissent de façon impulsive et inconsciente. Le mot le plus utilisé de la *Théorie générale* est sans doute celui de « psychologie ». Le chapitre 16 est intitulé « Les motifs psychologiques et commerciaux de détention de la liquidité ». Keynes pensait que sa « découverte fondamentale » était celle de la loi psychologique de la consommation. Bref, le fondement de l'économie, c'est la psychologie. C'est très grave.

Si les découvertes de Freud furent un *challenge* pour le triomphe de la raison dans la science, celles de Keynes furent un *challenge* pour celle de la rationalité en économie. Chez l'un et l'autre, il n'y a pas d'opposition entre la sphère de la raison et celle de la libido. Toute l'économie néo-classique, orthodoxe, est fondée sur le postulat de rationalité des décisions : Keynes détruit ce postulat. L'économie orthodoxe déteste Keynes pour des raisons de survie : il scie la branche sur laquelle elle est assise, la branche de la rationalité. Or, l'économie orthodoxe n'accepte que le Keynes de la macro, du multiplicateur, voire du déséquilibre de sous-emploi, un Keynes très présentable. Dans tout cet agencement macro et comptable, qui se prête si bien à la modélisation et aux belles équations, pas de trace de motivations des individus. Dans le vrai Keynes, et particulièrement dans la *Théorie générale*, la psychologie est omniprésente.

La Théorie générale *et la présence freudienne*

Peut-on ignorer, dès lors, les aspects freudiens de la *Théorie générale* ? La microéconomie développée par Keynes repose sur trois lois psychologiques fondamentales : la propension à consommer, l'efficacité marginale du capital, et la préférence pour la liquidité qui relie les deux précédentes découvertes.

On peut certes se contenter, comme les économistes, de lire la loi de la consommation comme un principe comptable : plus je suis riche, plus j'épargne. Mais la croissance de l'épargne en fonction du revenu reflète l'image atténuée du mythe de Midas (plus je suis riche, moins je dépense, donc plus j'accumule, et donc plus je deviens riche). La préférence pour la liquidité en est l'image forte. Le désir de liquidité révèle ma peur du futur, de l'incertain, de la précarité, en clair, mon inquiétude : « La possession d'argent liquide mesure notre inquiétude ; et le prix que nous sommes prêts à payer pour nous séparer de cet argent est le prix de cette inquiétude. » (*CW*, 14, p. 116.) Le taux d'intérêt est un indice de crainte.

La théorie keynésienne de l'intérêt est une révolution majeure, et Keynes fut très attentif, après la publication de la *Théorie générale*, de marquer la différence irréductible entre sa conception et celle des classiques. Pour eux, le taux d'intérêt est le prix d'équilibre entre l'offre et la demande de fonds prêtables. Pour Keynes, le taux d'intérêt (« la productivité de l'argent mesurée en termes d'argent ») est un indice de la peur du futur couplé avec le privilège rentier que donne la possession d'une liquidité rare. L'intérêt n'a aucune justification économique. L'intérêt se justifie par une position de pouvoir liée à une peur morbide du futur. L'éloge extraordinaire de « l'étrange prophète Silvio Gesell » (*TG*, p. 350), à la fin de la *Théorie générale*, qui proposait de détruire la possibilité de conserver de la monnaie non active, repose notamment sur le travail historique du chercheur, ayant découvert à partir de séries statistiques longues, que le taux d'intérêt « dépendait de facteurs psychologiques constants » (*ibid.*, p. 352).

Les esprits animaux

Quels sont ces « esprits animaux » qui ont tant intrigué les économistes, esprits liés au comportement d'entrepreneur opposé à celui, « pathologique », du rentier ? Keynes les décrit comme « un besoin important et urgent d'agir plutôt que de ne pas agir » (*TG*, p. 176). Ils engendrent des vagues de « psychologie irrationnelle », liées à la psychologie, voire à la physiologie des décideurs : « Quand nous estimons l'investissement, nous devons dès lors considérer les nerfs, le degré d'hystérie, et même les comportements digestifs ou les réactions à la météo de ceux dont dépend cette activité spontanée. » (*Ibid.*) On notera le terme hystérie. Freud a largement étudié le contenu et l'origine sexuelle de l'hystérie. La pulsion, la libido, le désir sont des éléments essentiels des esprits animaux. Et, bien sûr, très proches, l'agression et le sadisme : « De plus, des tendances humaines dangereuses peuvent être canalisées vers des voies comparativement peu dangereuses par des opportunités de faire de l'argent et d'accumuler une richesse privée, qui, si elles ne pouvaient pas être satisfaites de cette manière, trouveraient leur débouché dans la cruauté, la poursuite imprudente du pouvoir personnel et de l'autorité, et d'autres formes d'agrandissement de sa personnalité. Il vaut mieux qu'un homme exerce sa tyrannie sur son compte en banque que sur ses concitoyens ; et bien que la première soit parfois dénoncée comme condition de la seconde, parfois, néanmoins, elle est une alternative. » (*TG*, p. 367-368.)

La spéculation et l'accumulation du capital constituent une excellente « sublimation » de l'« abondante libido » de certains individus. C'est l'idée qu'il avait clairement exprimée en 1927 dans la recension d'un livre à H.G. Wells, bien avant l'élaboration théorique de la *Théorie générale*, mais après qu'il eut lu Freud : « Pourquoi certains hommes trouvent plus amusant de faire de l'argent que de rejoindre une secte de conspirateurs ? C'est – à moins qu'ils aient la chance d'être des scientifiques ou des artistes – parce qu'ils retombent sur le grand motif de substitution, l'ersatz parfait de ceux qui, en fait, ne veulent rien : l'argent. Clissold et son frère Dickon, l'expert averti, vont et viennent dans une grande agitation et cherchent quelque chose à quoi attacher leur abondante libido. Mais ils ne trouvent rien. Ils aimeraient bien être Apôtres... Ils ne peuvent pas. Il leur reste à être des hommes d'affaires. »

On ne peut être plus clair. Il existe une hiérarchie dans les activités humaines : d'abord les artistes et les savants. Ensuite ceux auxquels il ne reste rien, sinon le désir d'entreprendre pour satisfaire leur esprit inventif, puis ceux qui entreprennent pour de l'argent, et enfin ceux qui ont le désir de l'argent pour lui-même. Le désir de l'argent pour l'argent est le désir de celui qui a fondé sa cause sur rien, incapable d'inventer, de produire de l'art ou de la littérature. Incapable de plaisir. L'entrepreneur keynésien, en revanche, avec son désir d'inventer, a quelque chose de l'entrepreneur schumpétérien, grand innovateur.

Mais faut-il opposer l'entrepreneur et le spéculateur ? Là encore, une mauvaise tradition opposait le bon entrepreneur, créateur d'affaires et de marchandises, et le mauvais, spéculant et jouant en Bourse ou sur les marchés financiers. Il n'en est rien. Ce sont les mêmes individus, animés des mêmes motifs freudiens. Keynes nous met en garde contre le risque de trop développer les marchés spéculatifs : « Quand l'organisation des marchés augmente, le risque de voir les entrepreneurs transformés en spéculateurs augmente. » Entrepreneurs et spéculateurs sont donc, au fond, de la même race. Les deux sont joueurs et parieurs. Ils jouent avec le futur, activité qui terrorise la majorité de la population, qui se situe plutôt du côté des rentiers, des prudents, de ceux qui n'ont pas d'esprits animaux ou d'abondante libido. Les esprits animaux n'appartiennent pas au mythe de Midas. Ici, le mythe serait plutôt Hermès, le dieu des vagabonds, des joueurs et des voleurs, qui inventa la plupart des jeux comme celui des osselets. La véritable opposition est celle qui existe entre l'homme d'affaires et le rentier, celui qui fait de l'argent en dormant.

Une nouvelle conception du marché

Ce n'est pas tout. Freud et l'enfant entrent dans la psychologie individuelle de l'économie de Keynes, et sa psychologie des foules va fonder, ni plus ni moins, sa théorie du marché. La macroéconomie, ou la théorie sociale de Keynes, considère le marché comme une foule, au sens freudien du mot. La psychologie du marché est la psychologie de la foule. Le marché est une foule irrationnelle, une foule de spéculateurs. « Exubérance irrationnelle des marchés », a dit Alan Greenspan, le patron de la Banque fédérale américaine. C'est très keynésien.

Cette conception est en totale opposition avec la conception walrassienne. La société chez Keynes n'est pas une somme d'individus, mais une entité autonome, soumise à des comportements collectifs mimétiques et panurgiques, et capable de « dépression », de « manies », de « cycles », bref, de cyclothymie. Le capitalisme peut être considéré comme une entité organique soumise à cette cyclothymie.

Le marché keynésien est un objet collecti ne résulte pas de l'addition d'individus soumis à la « loi de l'offre et de la demande ». Il est la « foule », aveugle, moutonnière, ignorante, stupide, sujette à toutes les rumeurs, les paniques, et sensible à tous les mouvements d'elle-même.

La théorie du marché-foule s'exprime dans le remarquable chapitre 12 de la *Théorie générale* et le célèbre « concours de beauté » (*beauty contest*), qui décrit un système perpétuellement mouvant, sans équilibre, « où chacun cherche à découvrir ce que l'opinion moyenne croit être l'opinion moyenne » (*TG*, p. 171). Dans l'incertitude radicale, « nous ne savons pas, tout simplement... notre opinion est dénuée de valeur... et force nous est de retomber sur l'opinion du reste du monde, nous ne pouvons que nous conformer au comportement de la majorité ou au comportement moyen » (*CW*, 14, p. 114-115). L'opinion, chère aux politologues et aux hommes politiques, trouve son expression dans le marché-foule keynésien. Keynes est le premier à avoir conceptualisé l'opinion.

Cette théorie fort originale du marché-foule, théorie mimétique de l'action humaine, où le désir d'autrui modèle notre propre désir, est parfaitement freudienne. Freud levait l'opposition existant entre psychologie individuelle et psychologie sociale : « Il est manifestement dangereux de se mettre en contradiction avec la foule, et l'on est en sécurité lorsqu'on suit l'exemple qui s'offre partout à la ronde, donc éventuellement même lorsqu'on "hurle avec les loups". » (Freud, *Essais de psychanalyse*, Paris, Payot, p. 124.) Ou encore : « L'individu abandonne son idéal du moi contre l'idéal de la foule. » (*Malaise dans la civilisation*, p. 70.) Keynes dit : « Il vaut mieux avoir tort avec la foule que raison contre elle. » C'est la même chose.

Les économistes orthodoxes n'ont jamais su passer de l'individuel au collectif, du micro au macro. La question de l'agrégation des choix ou des fondements microéconomiques de la macroéconomie débouche sur une impasse logique. Un très célèbre théorème (le théorème d'impossibilité d'Arrow) démontre qu'une somme de rationalités individuelles peut très bien déboucher sur une irrationalité collective, ce qu'avait parfaitement et intuitivement perçu Keynes. D'abord, logiques individuelle et collective peuvent être, bien évidemment, totalement contradictoires. Ensuite, les individus obéissent plus à des pulsions qu'à leur raison. Enfin, des hommes parfaitement raisonnables et rationnels pris un à un deviennent parfaitement irrationnels du fait des phénomènes de foules.

Le passage de l'individuel au collectif chez Keynes se réalise par le biais de l'alchimie freudienne. Qu'est-ce que la société, qui s'incarne dans le marché, sinon la foule des individus, un individu collectif, soumis aux pulsions… et aux dépressions, niant la mort dans le désir d'argent et l'accumulation infinie ? La psychologie de masse est largement une transposition de la psychologie individuelle. Les êtres collectifs prisés par Freud, comme l'Église et l'armée, ne sont-ils pas susceptibles d'être analysés, avec les réserves d'usage touchant à la notion d'inconscient collectif, à partir du concept d'inconscient ? Que l'on lutte contre la mort comme Harpagon ou Midas, par l'épargne infinie, ou comme Bill Gates, par l'investissement infini, le résultat est le même, tout aussi mortifère. L'épargne et l'investissement infinis sont l'un et l'autre contre la civilisation.

« Autour de la non-consommation du gâteau poussèrent tous les instincts d'un puritanisme qui, en d'autres temps, s'était retiré du monde et avait négligé les arts productifs aussi bien que récréatifs. Et ainsi, le gâteau s'accrut. Pour quelles fins ? On n'y réfléchissait pas... Il fallait épargner, disait-on, pour notre vieillesse et pour nos enfants. Mais ce n'était là qu'une théorie – et la grâce du gâteau était qu'il ne serait jamais mangé ni par vous ni par vos enfants après vous. » (*Les conséquences économiques de la paix*, *CW*, 2, p. 11-13, trad. fr., Gallimard, 1920, p. 27-29.)

Négligence des arts productifs aussi bien que récréatifs, accumulation pour l'accumulation, profit pour le profit, travail pour le travail et surtout pour le profit... Autant ce capitalisme est bienvenu pour Marx (ce capitalisme « agent fanatique de l'accumulation, qui force les hommes sans merci ni trêve » à *produire pour produire* [Marx, *Économie*, Gallimard, coll. « Pléiade », p. 1905, souligné par lui]) car accoucheur du paradis communiste, autant pour Keynes il est malade, névrosé, de cette névrose castratrice que l'on retrouve exactement dans *Malaise dans la civilisation* de Freud, et qui préfigure Reich, Marcuse, et la philosophie stagnationniste, esthétique et sexuellement libératrice à laquelle il ne faut pas craindre d'associer Keynes.

Ainsi la théorie keynésienne est doublement destructrice : 1. Elle fonde le désir d'argent sur des pulsions inconscientes et infantiles ; 2. Elle nie le principe de l'accumulation qui satisfait tant bourgeois victoriens que socialistes marxiens ou non.

Mais pourquoi les hommes désirent-ils tant l'argent, la liquidité ? La réponse est simple : parce qu'ils vivent dans une incertitude radicale.

Chapitre 3

Incertitude

La monnaie est lien entre le présent et l'avenir (un « pont entre le présent et le futur »). Nous voici conduits à la question de l'incertain chez Keynes. Les économistes néo-classiques, issus du courant de pensée de Marshall et de Walras, ont une conception très curieuse du temps : le temps n'existe pas. Autrement dit, les décisions des acteurs sont présentées sous les hypothèses de « prévision parfaite » et d'« information parfaite », comme si l'on savait tout, et particulièrement tout ce qui doit arriver demain. La théorie des marchés complets, présentée dans les années soixante par des économistes mathématiciens comme le prix Nobel Gérard Debreu, soutient que tout le futur est descriptible jusqu'à la fin des temps. Une autre théorie dite des « anticipations rationnelles », très à la mode chez les orthodoxes, née dans les mêmes années et défendue par exemple par un autre prix Nobel, Robert Lucas, pose que les hommes sont omniscients. Les hommes ont dans la tête un modèle de l'économie, rationnel, ils savent ce qui va se passer, donc tout se passe conformément à ce qu'ils savent déjà. Rien ne peut entamer leur magnifique perception du fonctionnement économique, surtout pas les décisions de l'État. Toute politique économique est, par essence, vouée à l'échec. Quelle science économique bien curieuse, qui suppose que les hommes sont des dieux et que tout se sait parfaitement !

Une des coupures les plus radicales de la pensée de Keynes par rapport à l'orthodoxie concerne la question du futur. Sa conception est plus humble, et sans doute plus humaine. Mais elle demeure tout à fait cohérente avec son analyse freudienne des comportements. Les hommes ont peur du futur et sont obsédés par la liquidité et, dans des situations incertaines, la psychologie des foules prend le pas sur celle des individus.

L'incertain radical

Le premier chapitre achevé de la *Théorie générale* (1934) fut le chapitre 12, « L'état de la prévision à long terme », qui traite de la question de l'incertitude et contient la philosophie keynésienne de la prévision. La théorie de Keynes est fondée sur un postulat d'incertitude radicale.

Que pouvons-nous dire de ce qui se passera demain ? Rien. « Demain, nous ne savons rien. » Nous ne savons pas, tout simplement écrit-il en substance dans le célèbre article de 1937, la « Théorie générale de l'emploi » qui est un commentaire de la *Théorie générale*. C'est une attitude très paradoxale et très courageuse pour un économiste, auquel on a l'habitude de demander : « Que va-t-il se passer ? » De nombreux économistes (par exemple le prix Nobel Maurice Allais) ont démontré que les décisions humaines devenaient irrationnelles lorsqu'elles étaient prises « dans le brouillard », dans l'inconnu. Ce que Keynes ajoute par rapport à ce simple constat, c'est une tentative d'explication du comportement des agents économiques face au mur opaque de l'incertitude.

Il existe un « incertain radical », un incertain non probabilisable, non mesurable, que l'on ne peut pas soumettre à la loi des grands nombres. Nous pouvons connaître le futur nombre d'accidents de la route en France grâce à la loi des grands nombres, mais pas la valeur du CAC 40. C'est une hypothèse difficile à admettre, et la dizaine d'années passées par le maître de Cambridge sur son *Traité des probabilités* (1921) démontre qu'il a essayé de briser, en vain, le mur qui existe entre l'incertain probabilisable et l'incertain non probabilisable. Peut-on découvrir des probabilités qui permettraient à un observateur extérieur de mesurer les perceptions subjectives des décideurs vis-à-vis du futur ? Malheureusement pas. Le *Traité des probabilités* s'achève sur un constat d'échec et sur l'aveu que la force de conviction démontrée tout au long du texte compensait les doutes et la faiblesse des résultats de l'auteur. Ajoutons que Keynes ne renvoie qu'une seule fois au *Traité* dans la *Théorie générale*, et encore du bout des lèvres, dans une note (*TG*, p. 164), pour distinguer « très incertain » et « très improbable ».

Qu'essayait de dire Keynes dans son *Traité* ? Qu'il existe, pour toute proposition, non pas des valeurs de vérité (oui, non, peut-être) mais des degrés de croyance, subjectifs, et qui varient d'une personne à l'autre. Toutes les personnes ne sont pas dans les mêmes dispositions vis-à-vis d'une proposition. Keynes parle du « poids des arguments ». Idée fort originale et tout empreinte de rhétorique aristotélicienne ! L'argumentation, la discussion sont tout aussi fortes et nécessaires que la logique pour emporter la conviction.

La relation de probabilité au sens de Keynes est-elle totalement subjective ? Sans doute, bien que Keynes s'en défende. Frank Knight opposait le risque (probabilisable) et l'incertitude (non probabilisable). Keynes pensait qu'entre le probable et l'incertain il existait tout un champ à explorer qui oscillait entre l'objectif et le subjectif. Il n'a pas réussi à le cerner, et n'a pas vraiment donné de pistes. Il avoue en tout cas que la relation de probabilité en situation d'incertitude n'était pas formalisable : « Par conséquence "incertaine" je n'entends pas simplement distinguer ce que l'on considère comme certain, de ce qui est simplement probable. Le jeu de la roulette n'est pas sujet à l'incertitude en ce sens, ni la perspective de tirer un bon numéro au loto. Ou encore, l'espérance de vie n'est soumise qu'à une légère incertitude. Même le temps qu'il fait n'est que modérément incertain. Le sens dans lequel j'utilise ce terme est celui selon lequel la perspective d'une guerre européenne était incertaine, ou encore le prix du cuivre ou le taux d'intérêt dans vingt ans, ou la date d'obsolescence d'une invention nouvelle, ou la position des détenteurs de fortunes privées dans le système social de 1970. Il n'existe pour toutes ces questions aucun fondement scientifique. Tout simplement, nous ne savons rien. » (*Théorie générale de l'emploi*, p. 144.) Nous ne savons rien...

Qui aurait parié sur Internet il y a vingt ans ? Ce « tout simplement, nous ne savons pas » limite considérablement la puissance d'analyse de l'économie politique. Que faire ? Ne plus faire d'économie en dehors d'un univers certain et rationnel, comme le propose aujourd'hui l'économiste, prix Nobel, Robert Lucas ? Comme l'ont toujours fait explicitement tous les orthodoxes qui, finalement, préfèrent parler de l'économie idéale, pure et parfaite et transparente comme la concurrence, de l'économie du libre-échange, vers laquelle il faut tendre à l'infini, asymptotiquement, plutôt que de l'économie réelle ?

Anticipations, confiance et convention

Oublions donc la possibilité de mesurer dans le futur. Essayons d'analyser les comportements réels, à travers le concept qui a fait florès, depuis, d'anticipations. Les anticipations se font au *feeling*, à l'intuition. On peut distinguer celles de court et de long terme. Les premières concernent essentiellement les prix, pour des produits déjà définis, les secondes, l'investissement. On peut considérer que les premières sont probabilisables, les secondes non, retrouvant de façon très artificielle la distinction entre risque et incertitude. Ce n'est pas la position de Keynes. Son problème est d'expliquer comment les individus réagissent à l'incertitude radicale.

Ils le font par la « confiance », ce mot clef de l'Économie, et par la « convention ». La confiance, c'est d'abord la valeur de la monnaie, l'espérance qu'un franc aujourd'hui aura toujours le même pouvoir d'achat demain. La monnaie synthétise la confiance dans la société.

La « convention » (qui a suscité le courant de l'économie des conventions en France) est un autre mot pour la confiance. Il est très utilisé dans la *Théorie générale*. Keynes va essayer de le définir plus précisément. La convention est la croyance que ce qui se passe aujourd'hui continuera, en moyenne, demain. Ainsi, on pense que la Bourse va continuer à augmenter. On pense que la foule, qui avance, va continuer à avancer. La convention n'est autre que l'idée très intuitive que les choses vont continuer en l'état. C'est à peu près l'idée des boursiers, c'est l'idée des acteurs économiques en général, très simple, très sommaire, qui montre bien que les acteurs et, partant, l'économie politique ne peuvent pas dire grand-chose ; sinon, « ça va continuer », qu'il s'agisse de hausse ou de baisse, d'expansion ou de récession.

La convention reflète l'idée que la foule se dirige de son côté, qui est le bon côté. Dire que les affaires vont continuer, à la hausse si c'est la hausse, à la baisse si c'est l'inverse, ou dire que le taux d'intérêt ne va pas bouger, revient à peu près à dire que la foule va où elle va. C'est une vision très pessimiste des capacités des hommes d'affaires, et des économistes. Ne servent-ils vraiment à rien ? Évidemment pas. Toute l'action politique de Keynes est là pour démontrer le contraire. La convention permet à des gens qui s'affirment rationnels de sauver la face en situation d'incertitude : « Comment parvenir à sauver la face en tant qu'agent économique rationnel ? Nous avons inventé toute une gamme de techniques à cet effet, dont les plus importantes sont les trois suivantes : 1. Nous admettons que le présent constitue pour le futur un guide bien meilleur que ne le révélerait un examen lucide de nos expériences passées. En d'autres termes, nous ne tenons aucun compte de ces changements à venir dont nous ne savons rien ; 2. Nous admettons que l'état actuel de l'opinion, tel qu'il s'exprime à travers les prix ou les caractéristiques de la production courante, repose sur une synthèse correcte des perspectives futures, et que l'on peut s'y fier, tant qu'aucun fait pertinent nouveau ne vient bouleverser le paysage ; 3. Conscients du peu de valeur de notre jugement individuel, nous essayons de l'aligner sur le jugement des autres, peut-être mieux informés. Cela signifie que nous cherchons à nous conformer à l'attitude de la majorité ou de la moyenne. La psychologie d'une société d'individus qui cherchent mutuellement à s'imiter, nous conduit à ce qu'il convient d'appeler très exactement un jugement conventionnel. » (*CW*, XIV, p. 113-114.)

Soulignons le caractère grégaire et conformiste des agents contraints de former leurs anticipations sur un marché. Lorsqu'on ne sait rien, la tentation est grande d'imaginer que les autres savent un petit mieux que nous : si le voisin commence à acheter un type d'actions, pourquoi ne pas faire comme lui ? Et si le mimétisme fait que de proche en proche on achète ce type d'actions, la valeur du cours va monter, et valider *a posteriori* la décision d'acheter ce type d'actions. Voilà encore notre cher thème du marché-foule !

Le marché est un processus mimétique collectif. Le langage des spéculateurs et des commentateurs boursiers est tout à fait juste, lorsqu'il fait du marché un sujet collectif : « Le marché réagit, le marché pense que, le marché sanctionne. » Le marché est une réalité extérieure à ceux qui font le marché, comme la foule est une réalité extérieure aux individus qui la composent, et qui se contentent de suivre leur instinct grégaire, c'est-à-dire de suivre les mouvements de foule. Le marché est soumis à toutes les rumeurs, les angoisses, les peurs, les actions irrationnelles, les prises de position des uns et des autres extérieurs au marché, voire aux taches solaires, comme l'expriment très bien les récents modèles économiques à taches solaires, fondés sur le mimétisme : à partir du moment où les hommes sont pris dans un mouvement de foule, ils sont à la merci d'un signal extérieur, capté par l'un d'eux qui les guide. Ainsi, si un individu suit les évolutions des taches solaires dans ses prévisions, le mimétisme conduira la foule à suivre le cycle des taches solaires. Les modèles à taches solaires démontrent que le « marché » est soumis à toutes les pressions extérieures les plus invraisemblables. Pourquoi chacun respecte-t-il le « marché » ? Parce qu'il pense que les autres le respectent. Et il n'a pas tort. « Il vaut mieux avoir tort avec la foule que raison contre elle. » Cette belle phrase, extraite de la *Théorie générale*, a été développée à l'infini dans les paradoxes des modèles de décision boursière, où il est rationnel d'être irrationnel, c'est-à-dire d'adopter une décision qui ne maximise pas les espérances de profit individuel mais qui reflète la décision adoptée par la moyenne des boursiers supposée maximiser les profits.

Hélas ! Keynes voulait introduire le Temps dans l'analyse économique et la convention abolit le temps…

La « convention » est un état d'esprit qui dit que les choses vont continuer en l'état, autrement dit que le passé se répète, que le temps n'existe pas. « Dans la pratique, nous sommes tacitement convenus, en règle générale, de nous en remettre à ce qui est en vérité une convention. L'essence de cette convention – bien que cela ne fonctionne pas aussi simplement – consiste à supposer que l'état actuel des affaires continuera indéfiniment à moins qu'on ait des raisons spécifiques d'attendre un changement. » (*TG*, p. 167). La théorie du futur que propose Keynes est pragmatique, mais laisse peu de possibilités à une grande majorité d'individus dont la seule ambition est le *statu quo*, c'est-à-dire la convention : « Une théorie pragmatique du futur qui s'appuie sur ces trois principes a certaines caractéristiques bien marquées. La précarité de ses fondements l'expose en particulier à des changements soudains et violents. La pratique établie, faite de tranquillité et d'immobilité, de continuité et de sécurité, peut s'effondrer brusquement. De nouvelles peurs et de nouveaux espoirs se mettent alors à guider l'action des hommes. La puissance de la désillusion peut brusquement imposer une nouvelle base conventionnelle d'évaluation. [...] Le fait que ce soit réellement ainsi que nous nous comportons sur le marché ne devrait pas conduire la théorie que nous élaborons à propos de ce comportement à succomber elle aussi aux idoles du marché. J'accuse la théorie économique classique d'être elle-même une de ces jolies techniques raffinées qui prétendent traiter du présent en faisant abstraction du fait que nous en savons très peu sur l'avenir. » (*CW*, XIV)

J'accuse la théorie orthodoxe d'ignorer le temps ! Certes. Mais la convention, hélas !, n'ignore-t-elle pas le temps aussi, à sa manière ? Keynes est bien conscient de la fragilité de la convention, et dès lors de son analyse. Mais peut-on dire autre chose ? « Il ne faut pas s'étonner qu'une convention, si arbitraire par nature, ait ses points faibles [...]. Une évaluation conventionnelle, fruit de la psychologie de masse d'un grand nombre d'individus ignorants, est exposée à subir de violentes variations à la suite de revirements soudains que suscitent dans l'opinion certains facteurs dont l'influence sur le rendement escompté est faible [...]. Dans les périodes anormales notamment lorsque la poursuite indéfinie de l'état des affaires devient de moins en moins plausible que d'habitude, alors même qu'il n'y a aucune raison manifeste d'anticiper un changement défini, le marché sera soumis à des vagues d'optimisme ou de pessimisme qui, bien que irraisonnées, sont en un sens légitimes puisqu'il n'existe aucune base solide pour effectuer un calcul raisonnable. » (*TG*, p. 169.) Il est rationnel d'être irrationnel ! Quel beau paradoxe !

Au fond, qu'est-ce que la convention sinon supposer que le passé se répète ? Et la répétition est-elle autre chose que l'abolition du temps ? Ne retrouve-t-on pas, hélas !, après ce long détour, l'hypothèse cardinale de la théorie orthodoxe, information parfaite et absence d'incertain ? Oui. « Nous savons tout, absolument tout », adage des anticipations rationnelles et des marchés complets, est la même chose que le « passé se répète ». Le problème est donc la rupture, le retournement, la fin du cycle, le chemin qui bifurque, la nouvelle convention.

Lorsque la convention devient instable, lorsqu'on va changer de convention sans trop savoir qu'elle est la nouvelle convention, la seule attitude raisonnable est de se débarrasser du mistigri, de redevenir liquide. De retrouver son argent, masque du temps sûr, de la certitude.

Keynes n'a pas réussi à franchir le mur du temps. La différence avec les orthodoxes est qu'il prend acte de son impuissance, au lieu de se situer dans les nuages, dans l'utopie du paradis concurrentiel libéral qui est un avatar du paradis communiste, « à chacun selon ses besoins ». Nous ne savons rien ? Soyons pragmatiques ! Soyons doctrinaires et utopistes, répliquent les orthodoxes.

Spéculateurs et entrepreneurs

Le mécanisme de la spéculation est décrit de façon assez remarquable et, sans doute indépassée, dans le chapitre 12 de la *Théorie générale.* Sur la Bourse, « le gagnant est celui qui passe la main ni trop tôt ni trop tard, qui s'est défaussé du mistigri avant la fin de la partie ». Mais comment anticiper ? Tout l'art du boursier est justement de ne pas vendre trop tôt pour « prendre ses bénéfices » sachant bien que, si je prends mes bénéfices, c'est que d'autres en même temps prennent leur perte... Il faut donc deviner ce que va faire la moyenne des boursiers, et anticiper d'un cheveu avant que la moyenne n'agisse.

Cette « moyenne » des boursiers, que l'on peut appeler aussi l'opinion, est superbement décrite par la métaphore du concours de beauté : la spéculation « est comme un de ces concours organisés par les journaux où les participants ont à choisir les six plus jolis visages parmi une centaine de photographies, le prix étant attribué à celui dont le choix se rapproche le plus de la sélection moyenne de l'ensemble des compétiteurs ; de telle sorte que chaque compétiteur doit choisir, non pas les visages qu'il juge lui-même les plus jolis, mais ceux qu'il estime les plus propres à obtenir le suffrage de ses concurrents, lesquels se représentent tous les problèmes de la même façon. Il ne s'agit pas de choisir les visages que l'on juge comme étant réellement les plus jolis, ni même ceux que l'opinion moyenne considère sincèrement comme tels. Nous avons atteint le troisième degré quand nous employons notre intelligence à anticiper ce que l'opinion moyenne estimera devoir être l'opinion moyenne. Et il y a des personnes, croyons-nous, qui vont jusqu'au quatrième ou cinquième degré » (*TG*, p. 171).

Le plus habile des professionnels ne peut échapper aux conditions du marché, lesquelles dépendent de l'opinion moyenne à ce moment-là, c'est-à-dire de sa propre opinion. Chaque spéculateur cherche à anticiper cette opinion et crée, par là même, cette opinion. Comme l'explique J.-P. Dupuy, ce jeu de miroirs, ce jeu « spéculaire », produit l'illusion de l'objectivité lorsque tous les regards convergent vers le même objet (une tache solaire) ou que les oreilles se tendent vers le même bruit (un relèvement du taux d'intérêt par la Banque fédérale...). Les comportements mimétiques sont rationnels en situation d'incertitude radicale (que faire dans un groupe perdu dans la forêt amazonienne, sinon suivre le groupe ?) Reste que si les spéculateurs, forcément grégaires, peuvent tous gagner beaucoup d'argent, cela ne veut pas dire que leur politique de placement soit la plus avantageuse d'un point de vue social. On sera tenté de préférer l'attitude de l'entrepreneur, individualiste, novateur, qui doit se démarquer des autres s'il veut imposer sa marque précisément ; la prédominance de la spéculation sur l'entreprise est funeste pour la société. Keynes envisageait d'ailleurs de taxer lourdement la spéculation pour la décourager au détriment de l'investissement.

Malheureusement, le problème est qu'on ne peut pas se passer de la spéculation, sauf à tuer *aussi* l'esprit d'entreprise ! En effet, « si l'on enlevait aux achats de valeurs boursières leur caractère liquide, il en résulterait un sérieux obstacle à l'investissement nouveau tant que s'offriraient aux individus d'autres moyens de conserver leur épargne [...]. Tant que les individus auront l'alternative d'employer leur richesse soit à thésauriser ou à prêter de l'argent, soit à acheter des biens capitaux réels, on ne pourra rendre le second terme de l'alternative assez attrayant [...] qu'en organisant des marchés où ces biens puissent être aisément transformés en espèces » (*TG*, p. 175). Si la possibilité théorique de se défausser rapidement n'existait pas, peu de gens investiraient dans des actifs immobilisés pendant de longues années. Il faut un moyen terme : accepter des bourses de valeurs, mais éviter de rendre la spéculation trop attrayante...

La valeur

Retenons que la plupart des phénomènes économiques peuvent être décrits comme des processus autoréférentiels et autoréalisateurs : l'inflation, par exemple, peut être le fruit d'une anticipation à l'inflation ; la dépression et la chute de l'investissement ; l'effondrement d'une monnaie ; l'effondrement boursier ou la bulle boursière. Le marché dont il s'agit, on ne se lassera jamais de le répéter, est à l'opposé de celui de Walras et des néo-classiques. À l'équilibre, se substitue le déséquilibre. À l'autorégulation, l'explosion ou l'implosion. À la prévision parfaite, l'incertitude. À la toute-puissance du décideur individuel, le mimétisme ou le panurgisme du joueur pris dans la foule ; à la raison du producteur ou du consommateur isolé, la psychologie de masse ; au prix objectif du marché, la valeur fixée par l'opinion… Rien ne ressemble plus à l'économie réelle que ce que décrit Keynes, et rien n'est plus éloigné de la théorie (« les jolies techniques pour salons lambrissés ») des orthodoxes. Retenons aussi que ce qui est rationnellement cohérent peut être collectivement suicidaire et irrationnel : faire comme les autres peut être rationnel au plan individuel, et provoquera une catastrophe collective. Les autres produisent des porcs de façon intensive, je fais de même, et le cours du porc s'effondre. Les autres vendent, je vends, et les cours boursiers chutent. Tous les passagers d'un bateau se précipitent à bâbord parce que le bateau gîtait à bâbord, et le bateau chavire par bâbord.

Qui peut dénouer ce type de cercle vicieux ? Qui peut rétablir la « confiance », ou la « convention » ? L'autorité. L'autorité monétaire et bancaire, notamment, qui doit soutenir l'activité ou la monnaie dans le cas où se manifeste ce type de processus cumulatif. La politique économique keynésienne consiste à contenir le marché, ce marché-foule capable des pires excès ou, au contraire, des pires frilosités.

La spéculation boursière fait que la valeur de la Bourse est loin de refléter la richesse créée par les entreprises. Et si les entreprises créent de la valeur boursière aujourd'hui, cela ne veut pas dire qu'elles créent des richesses, au contraire : lorsque Michelin annonce qu'il licencie 7 500 personnes, donc du potentiel de travail, de l'intelligence, de la capacité à mettre en œuvre des machines, ses actions flambent.

Qu'est-ce que la vraie valeur ? Qui la crée ? Les classiques pensaient que c'était le travail. Les néo-classiques ont laissé ce privilège au

« marché », lieu de fixation de la valeur pour lequel Keynes n'a aucune confiance. Sa position est surprenante : « Je soutiens, par conséquent, la doctrine préclassique selon laquelle toute chose est produite par le travail, avec l'aide de ce que l'on appelait autrefois l'art et que l'on nomme aujourd'hui la technique, avec l'aide des ressources naturelles qui sont libres ou grevées d'une rente selon qu'elles sont abondantes ou rares, avec l'aide enfin des résultats du travail passé, incorporés dans les biens capitaux, qui rapportent aussi un prix variable selon leur rareté ou leur abondance. Il est préférable de considérer le travail, y compris, bien entendu, les services de l'entrepreneur et de ses assistants, comme le seul facteur de production ; la technique, les ressources naturelles, l'équipement en capital et la demande effective constituant ce cadre déterminé où ce facteur opère. » (*TG*, p. 223.) C'est, tout simplement, la théorie classico-marxiste de la valeur travail. Les conséquences sont considérables. Le « profit » est la rémunération du travail de l'entrepreneur. Et le taux d'intérêt n'a pas de légitimité. « Il ne récompense aucun sacrifice véritable non plus que la rente du sol. Le détenteur de capital peut obtenir un intérêt parce que le capital est rare, de même que le détenteur du sol peut obtenir une rente parce que le sol est rare. Mais, tandis que la rareté du sol peut s'expliquer par des raisons intrinsèques, il n'y a pas de raisons intrinsèques qui expliquent la rareté du capital. » (*TG*, p. 369.) Il n'y a pas de raisons intrinsèques qui expliquent la rareté du capital... La « rente » payée au capital n'a pas de justification économique. L'euthanasie du rentier se profile... Et la question est : qui fait que le capital est rare ?

La liquidité

L'incertain, la « convention », les anticipations ramènent à la question fondamentale de la liquidité et de la monnaie. Tout d'abord, la Bourse, marché des valeurs d'occasion, nous donne l'illusion de la liquidité : « La Bourse réévalue chaque jour un grand nombre d'investissements et ses réévaluations fournissent aux individus (mais non à la collectivité dans son ensemble) de fréquentes occasions de réviser leurs engagements. C'est comme si un fermier, après avoir tapoté son baromètre au moment du petit déjeuner, pouvait décider de retirer son capital de l'exploitation agricole entre 10 et 11 heures, puis envisager plus tard dans la semaine, de l'y investir à nouveau. » (*TG*, 166.) Le désir de liquidité est proportionnel à la peur de l'avenir, à l'incertitude. Le marché financier, apparemment, apporte une solution à l'épargnant inquiet, puisqu'il offre l'occasion de réviser ses choix et de se retirer à tout moment. Mais cette liquidité est une illusion. En effet, la possibilité théorique de se retirer à tout moment (de se « dégager ») est une réalité au niveau individuel mais une illusion au niveau collectif puisque « la liquidité ne peut être garantie à tous en même temps, ce que viennent rappeler, un peu brutalement, les krachs » (Combemale, p. 81). Il est clair que, pour vendre, il faut un acheteur. La valeur du marché se maintient, nous rappelle Keynes, parce qu'il y a, en moyenne, autant de « haussiers » que de « baissiers », d'acheteurs que de vendeurs. En cas d'euphorie mimétique, tout le monde achète, et c'est la bulle... En cas de panique mimétique, tout le monde vend, et c'est le krach. Dans ce cas, le désir de liquidité du boursier est en contradiction avec le plan d'investissement de l'entrepreneur, surtout s'il s'agit d'un laminoir ou d'une centrale nucléaire.

Concluons que Keynes nous propose une vision extrêmement pessimiste des possibilités d'analyse du fonctionnement économique. « Dès lors que l'on admet l'incertitude des anticipations qui guident le comportement économique, l'équilibre n'a plus d'importance et l'Histoire reprend sa place. » (Joan Robinson.) Joan Robinson fit partie du « Cirque de Cambridge », ce groupe de jeunes et brillants économistes qui, autour de Richard Kahn, lurent et relurent les pages de la *Théorie générale* en train de s'écrire. Il est plaisant de noter que Sir John Hicks, prix Nobel, inventeur de l'interprétation en termes d'équilibre et du schéma IS-LM, schéma construit pour « recaser » la *Théorie générale* dans la vieille boîte à chaussures orthodoxe, schéma qui torpilla la *Théorie générale* à peine parue, avoua plus tard s'être trompé, et surtout reconnut, à la fin de sa vie, lui, l'un des plus grands théoriciens orthodoxes, que l'Histoire était le seul fondement de l'analyse économique. Quel retournement ! L'équilibre n'était pas le problème de Keynes. À la rigueur le chemin vers l'équilibre, la dynamique. Mais le chemin vers l'équilibre s'appelle le déséquilibre, qui parfois nous englue dans ses ornières. Comment sortir du déséquilibre de sous-emploi ?

Chapitre 4

L'économie de Keynes

N'oublions pas que Keynes, malgré son engagement dans la vie artistique ou politique, son talent littéraire et polémique, fut aussi un des grands économistes du siècle sinon de l'Histoire, et qu'il a ouvert la porte à des champs entiers de la réflexion économique contemporaine, sur le déséquilibre, la théorie monétaire et la théorie des taux d'intérêt, la théorie du capital, la consommation, le chômage, la croissance et les cycles, la prévision et l'économétrie (les grands modèles macroéconomiques sont de philosophie keynésienne), les mouvements mimétiques boursiers, l'incertitude et les probabilités. S'il fallait choisir trois noms dans l'histoire de la pensée économique, indiscutablement ce seraient Marx pour sa vision du processus d'accumulation et de crise, Walras pour avoir révélé les concepts d'interdépendance des actions et d'équilibre, Keynes pour avoir introduit le déséquilibre, la monnaie et le temps en économie (et leur corollaire : l'incertain).

La différence entre ces trois personnages est essentielle et permet de bien situer celui qui devint, en 1942, le baron de Tilton.

Marx accepte un destin et un messianisme historiques qui accouchent de la société communiste au terme de la lutte des classes. Walras décrit le meilleur des mondes – le marché de la concurrence, efficace dans la production de satisfactions et la distribution de richesses préexistantes – et dès lors ouvre la porte à toutes les politiques dérégulationnistes de recherche de l'efficacité concurrentielle, libérale et libre-échangiste. Autrement dit, Marx décrit ce qui conduit à une utopie, et Walras décrit son utopie.

Quelle est la logique de l'économie de Keynes ? Keynes n'accepte ni l'hypothèse d'une fatalité historique ni celle d'un idéal marché de concurrence, car l'incertitude et les phénomènes collectifs enveloppent les décisions individuelles. Le point de départ de sa réflexion est la théorie « orthodoxe », celle de Say, Marshall, ou Walras qu'il s'emploie à ruiner. Il postule ensuite l'existence d'un objet essentiel, dont l'efficacité est ignorée des précédents, et que la collectivité doit contrôler : la monnaie. La crainte que l'on peut avoir est celle d'une fuite vers la liquidité, d'un désir de l'argent pour l'argent, d'une manifestation du mythe d'Harpagon ou de Midas, où la société mourrait sur sa richesse, ce que Keynes observait dans les années trente, en France notamment. Il qualifie les Français de « petits paysans assis sur leur magot ». Si cette crainte est dépassée, alors on peut envisager une soumission de l'économie à la société, dans ce qui irait au-delà de ce que nous appellerions aujourd'hui une « croissance soutenable ou durable », une *croissance intelligente et civilisée* où, les besoins vitaux étant largement satisfaits, l'humanité pourrait se consacrer précisément aux humanités, aux arts, à l'amour du beau, et à la fraternité (le terme amitié serait peut-être plus keynésien).

Orthodoxe et hérétique

Bien que non exempte de contradictions ponctuelles, et Keynes revendiquait un droit pragmatique au changement (« quand les faits changent, je change mon point de vue »), sa pensée économique est unie et cohérente. Pourtant, la lecture de la *Théorie générale*, la synthèse économique keynésienne, est parfois difficile. Pourquoi ? D'abord, parce que Keynes s'adresse aux professeurs, et, comme le dit Galbraith, pour se faire entendre, il doit avoir l'air compliqué. Surtout, parce qu'il est pris entre deux systèmes : celui de l'orthodoxie, qu'il est en train de quitter, et la nouvelle science économique (une théorie monétaire de la production) qu'il cherche à construire. « J'ai été élevé dans cette orthodoxie. Je l'ai apprise, je l'ai enseignée, je l'ai écrite. Les observateurs extérieurs considèrent probablement que je continue encore de lui appartenir. » Il y a donc une oscillation dans son discours entre l'orthodoxie (le raisonnement dans le cadre de la loi de l'offre et de la demande, « microéconomique », dirait-on aujourd'hui) et l'hétérodoxie (exprimée dans le raisonnement macroéconomique collectif, le raisonnement de la comptabilité nationale en termes de circuit). La *Théorie générale* contient, à côté du projet radical, où jouent un grand rôle la dynamique et l'incertitude, ainsi que les phénomènes collectifs autoréalisateurs (le pessimisme collectif des chefs d'entreprise conduit au chômage), des résidus orthodoxes où ce même chômage est expliqué par la loi de l'offre et de la demande et les rigidités institutionnelles du marché du travail : pression syndicale, prix fixes, rigidités à la baisse des salaires.

C'est la raison pour laquelle la théorie keynésienne sera facilement récupérée par l'école orthodoxe, notamment dans le célèbre schéma IS-IM de John Hicks, dit aussi schéma de Hicks-Hansen.

Un petit mot maintenant sur le schéma plusieurs fois évoqué, pont aux ânes des étudiants en économie. L'article de Hicks s'intitule « M. Keynes and the Classics ». Keynes voulait démontrer que l'économie classique est un cas particulier de sa théorie générale. Hicks cherche à démontrer l'inverse : que l'économie de Keynes est un cas particulier d'un modèle de l'offre et de la demande.

La courbe IS représente le lieu de couples de valeur (Y, *i*) (revenu national, taux d'intérêt) tel que l'équilibre macroéconomique est respecté, autrement dit tel que l'égalité Investissement = Épargne soit satisfaite. La courbe LM est le lieu de tous les couples de valeurs (Y, I) tel que l'offre de monnaie (L) soit égale à la demande de monnaie (M). L'intersection des deux courbes donne l'équilibre général.

Ce diagramme respecte l'idée de Keynes qui considère que le taux d'intérêt se détermine par le marché de la monnaie. Donc que les autorités monétaires peuvent agir sur le taux d'intérêt par une offre généreuse de monnaie. Mais il oublie le marché du travail. Il respecte donc par omission l'idée que l'équilibre précédent est compatible avec un déséquilibre sur le marché du travail (un fort chômage). Mais il n'explique pas l'origine du chômage, ce qui était le projet de Keynes. Le chômage, chez Keynes, s'explique par la « demande effective » et les anticipations des entrepreneurs.

Hicks, beaucoup plus tard, reconnut qu'il avait eu tort, et que lui et les économistes néo-classiques n'avaient pas compris l'avancée de Keynes, avaient interprété de façon erronée la théorie keynésienne du taux d'intérêt, et étaient « conceptuellement battus » par une véritable révolution théorique. Keynes, sur le moment, répondit mollement à la récupération classique, en termes d'équilibre, de sa théorie. Sans doute faut-il voir là une manifestation de ses racines et de sa formation orthodoxe, et peut-être une posture plus politique vis-à-vis de la communauté scientifique qu'il ne souhaitait pas trop effrayer. Grâce à l'explication de Hicks, fort commode pour construire des modèles de politique économique, des générations d'étudiants ont appris que le déséquilibre keynésien était un cas particulier de l'économie néo-classique, alors que Keynes prétendait précisément à l'inverse : faire de l'économie néo-classique un cas particulier de sa théorie *générale*. Sa démonstration commence ainsi : il n'existe pas *a priori* d'équilibre. Revenons maintenant au projet keynésien.

La loi de Say

La mort de la loi de Say signifie la fin de l'équilibre général. S'attaquant à la loi de Say, Keynes s'attaque de front au dogme néo-classique de l'autorégulation du marché. Selon la tradition, la « loi de l'offre et de la demande » (j'offre plus et je demande moins si un prix augmente) appliquée à tous les marchés conduit à un équilibre généralisé et permet d'expliquer les déséquilibres temporaires sur les marchés particuliers. Ainsi, sur le marché du travail, les « rigidités » ou entraves à la concurrence (présence de syndicats, baisse impossible de salaires) expliquent la présence du chômage dit involontaire.

Keynes reprend à son compte ces rigidités, en particulier la baisse impossible des salaires nominaux, mais marque une rupture conceptuelle en ceci : la loi de l'offre et de la demande, qui peut éventuellement s'appliquer sur un marché particulier (ce qui n'est pas le cas, souligne-t-il, pour le travail, « marchandise » très particulière où l'offre et la demande peuvent varier de manière anormale par rapport aux prix), cesse de s'appliquer au niveau collectif : il existe un *gap* conceptuel qui interdit de généraliser au niveau macro ce qui peut parfois se vérifier au niveau micro.

La loi de Say dit que toute offre crée sa propre demande. Donc tout produit, par définition, doit être écoulé. En effet, la totalité des coûts de production doit être dépensée, de manière directe ou indirecte, pour acheter, au niveau de l'économie dans son ensemble, la totalité du produit : je fabrique des voitures, mais je distribue les salaires et les profits pour acheter les voitures. La loi de Say peut s'exprimer dans l'adage de Ford : « Je paie bien mes ouvriers pour écouler plus de voitures. » Elle se traduit par : « Les produits s'échangent contre les produits. » En bref, les voitures s'échangent contre le travail.

Ruiner la loi de Say revient à ruiner la notion d'équilibre automatique. Concrètement, elle suppose une économie de troc, qui, par définition, est en équilibre. Mais une économie de troc ignore la monnaie et le temps, c'est-à-dire la possibilité de thésauriser ou de réviser ses plans d'achat et de vente. C'est bien la monnaie, facteur majeur de déséquilibre, qui ruine la loi de Say. Les économistes classiques et néo-classiques répondent que la monnaie est neutre, qu'elle n'est qu'un voile posé sur les échanges, bref, qu'elle n'existe pas et que « les produits s'échangent contre les produits ». Voilà le dilemme propre de Keynes : ou il y a de la monnaie dans l'économie et elle est en déséquilibre ; ou il n'y en a pas et elle est en équilibre. Introduire la monnaie dans la théorie économique est une rupture majeure.

La loi de Say peut s'exprimer aussi par l'égalité macroéconomique : Épargne = Investissement. Ceci veut dire : l'économie est en équilibre. Imaginons que seuls les chefs d'entreprise prennent les décisions d'épargne et d'investissement, et que les salariés n'aient que le choix de dépenser ce qu'ils reçoivent : la loi de Say serait automatiquement respectée. Mais, hélas !, les épargnants ne sont pas les chefs d'entreprise, les consommateurs ne dépensent pas tout leur revenu. Donc, en fait, l'égalité épargne = investissement est *a priori* non réalisée *ex ante*, lorsque, en début de période, les agents prennent leurs décisions. *Ex post*, en revanche, tout investissement est financé et, en excluant la thésaurisation ou l'exportation de liquidités, l'épargne est égale à l'investissement. Mais la possibilité de détenir de la liquidité non placée dans l'économie, c'est-à-dire l'existence de la monnaie, exclut, *a priori*, l'équilibre. Encore une fois, une économie monétaire est *a priori* en déséquilibre.

Les orthodoxes nient l'existence d'un déséquilibre entre l'épargne et l'investissement par la flexibilité du taux d'intérêt. Chez eux, la monnaie n'intervient pas dans la détermination du taux d'intérêt. Elle est neutre. Seules des forces réelles (machines, travail et besoins) fixent les prix relatifs des produits. La monnaie, elle, se contente de déterminer le niveau général des prix et le taux d'inflation qui est strictement proportionnel au taux de croissance de la masse monétaire. Si la monnaie croît de 10 %, l'inflation, toutes choses égales par ailleurs, croît de 10 %.

Le changement proposé par Keynes est radical. La détention de monnaie par les individus n'a pas pour objet l'échange des biens mais traduit une attitude vis-à-vis de l'avenir : la monnaie est détenue pour des motifs de précaution et de spéculation, en plus du motif d'échange. Le motif de spéculation exprime le désir de profiter d'une « connaissance meilleure que celle du marché de ce que réserve l'avenir », ou encore de « deviner avant le marché ce que le marché va faire ». On remarquera, dans cette phrase, l'aspect « initié » de tout gain spéculatif : si je gagne, c'est que je sais avant les autres.

Les motifs de transaction, de précaution et de spéculation constituent la « préférence pour la liquidité », qui est aussi la demande de monnaie. Cette demande a un prix, le taux d'intérêt. Plus le taux d'intérêt est élevé, plus l'opportunité de détenir de la monnaie est faible : il faut soit placer en obligations, soit acheter des actions, dont la valeur, estimée par les flux de recettes futurs qu'elles apportent, diminue en fonction du taux d'intérêt. Il existe néanmoins un niveau minimal du taux d'intérêt, appelé par Keynes « trappe à liquidités » en deçà duquel toute monnaie est thésaurisée. Si ce taux est atteint, toute monnaie injectée par les autorités est simplement conservée par le public, sans plus.

Mais voilà qu'une autre loi fondamentale, psychologique cette fois, déjà envisagée dans le chapitre précédent, surgit, porteuse de déséquilibre potentiel. Lorsque le revenu des agents augmente, leur tendance à épargner aussi, de sorte qu'une économie en croissance se retrouve tendanciellement avec plus de liquidités disponibles pour l'investissement. Ou, pour le dire différemment, la tendance inévitable d'une économie en croissance est la surproduction. La célèbre « euthanasie du rentier » souhaitée ironiquement par Keynes à la fin de la *Théorie générale*, sera un des moyens d'éviter la crise de surproduction.

Du côté de l'offre de monnaie, maintenant. Celle-ci est fixée par les autorités monétaires de façon autonome, plutôt indépendamment du taux d'intérêt. Au bout du compte, le taux d'intérêt est une variable « monétaire », fixée par l'offre et la demande de monnaie.

Présentée ainsi, la théorie keynésienne est un peu caricaturale : on ne peut connaître le taux d'intérêt que si on connaît la quantité de monnaie disponible pour répondre au motif de spéculation, laquelle est déterminée en fonction de la quantité de monnaie disponible pour les transactions, donc en fonction du revenu national, donc de l'épargne et de l'investissement, donc du taux d'intérêt, car l'investissement dépend du taux d'intérêt. Comment briser ce cercle vicieux ? Il faut supposer que le marché de la monnaie (fixant le taux d'intérêt) est indépendant de celui des biens et services (déterminant le revenu national). Voilà que l'on retrouve, entrant par la fenêtre, la vieille dichotomie orthodoxe « réel-monétaire » !

Un des reproches faits à la présentation keynésienne était celui d'indépendance des marchés, et Keynes en était bien conscient. Reste que la rupture se situe au niveau du lieu où se fixe le taux d'intérêt : variable monétaire pour les keynésiens, elle est une variable « réelle » équilibrant l'offre et la demande d'actifs financiers pour les orthodoxes (les néo-classiques).

Résumons. Une conception totalement révolutionnaire de l'économie est proposée aux économistes. Les marchés ne sont pas nécessairement équilibrés, la monnaie interdit *a priori* la comptabilité des décisions, la monnaie détermine largement le taux d'intérêt, de nombreuses décisions rationnelles individuellement peuvent se révéler catastrophiques au niveau collectif. Ainsi s'il est « rationnel » pour les entrepreneurs de licencier, l'effondrement global de la demande peut provoquer un effondrement de l'économie. Si les entrepreneurs sont pessimistes, ils licencient, ce qui déprime la demande, et justifie *ex post* leur attitude pessimiste : c'est un phénomène d'anticipations autoréalisatrices. La société keynésienne des décideurs économiques, entreprises et ménages, est chaotique. « À l'opposé de la façon d'étudier la réalité économique, on en vient plutôt à s'interroger, non pas sur les facteurs qui viennent perturber un système *a priori* stable, car autorégulé, mais sur les processus qui contribuent à la stabilisation d'un système spontanément chaotique : non pas le passage de l'ordre au désordre, mais l'émergence de l'ordre à partir du désordre. » (Combemale, p. 52-53.)

C'est une révolution. Reste à expliquer : pourquoi le chômage est durable ? Il faut se tourner du côté des entrepreneurs.

La demande effective

Qu'est-ce qui peut rendre les entrepreneurs optimistes et les décider à investir ? Leurs états d'âme qui dépendent de variables psychologiques et de « l'efficacité marginale du capital » : l'efficacité marginale du capital est le taux qui actualise le flux des revenus futurs issus d'un investissement au coût de cet investissement, concept qu'en d'autres temps on eût nommé taux de profit, ou taux de rendement interne d'un projet d'investissement. Si ce taux est supérieur au taux d'intérêt du marché monétaire, l'entrepreneur sera incité à investir (créer des entreprises plutôt qu'à placer ou à spéculer). S'il est inférieur, il placera.

Il n'y a pas grand-chose de nouveau dans « l'efficacité marginale du capital ». Mais celle-ci permet de comprendre un autre concept véritablement novateur, le seul concept véritablement novateur de la pensée keynésienne, ont prétendu certains économistes, celui de demande effective.

La demande effective est une notion passablement compliquée qui fait appel à la notion d'anticipation. « Le volume de l'emploi, dit Keynes, est déterminé par la demande effective, qui est la demande au point d'intersection entre la fonction d'offre et la fonction de demande globale, sachant qu'en ce point les anticipations des entrepreneurs sont maximisées. » Le terme « demande effective » est trompeur. La demande effective est en fait une offre effective des entrepreneurs en attente d'une demande anticipée de la part des consommateurs. « Ce n'est pas la demande qui est effective, c'est l'offre ; cette offre induit la distribution de salaires, donc une consommation, mais pas nécessairement la réalisation des profits attendus, sauf si la demande réalisée correspond à la demande anticipée. » (Combemale, p. 58.) La demande effective montre que le chômage peut exister du fait du niveau insuffisant de la demande (celle des consommateurs) anticipée par les entrepreneurs, niveau insuffisant qui conduit les entrepreneurs à moins embaucher, et qui conduit par là même le niveau de consommation à être insuffisant : prophétie autoréalisatrice. Une économie peut connaître un déséquilibre durable, une longue situation de chômage. La demande effective explique la stagnation et la surproduction des années trente et prépare la politique économique. Que faire ? « Relancer l'économie par l'injection de liquidités. »

Épargne, investissement, multiplicateur d'investissement, et politique de relance

Un des concepts qui a le plus marqué des générations d'enseignants et d'étudiants après Keynes, et qui concentre la philosophie interventionniste et expansionniste du keynésianisme, est certainement celui du multiplicateur d'investissement. Ce concept, inventé à l'origine par Richard Kahn – auquel Keynes rend hommage dans la *Théorie générale*, et qui est sans doute celui qui a le plus contribué à l'élaboration de l'ouvrage dans le « Cirque de

Cambridge » peut, contrairement à la demande effective, s'expliquer très simplement.

Il est fondé sur la notion de chaîne de réaction, donc, comme la demande effective, sur une vision intrinsèquement dynamique au fonctionnement économique : une dépense des entreprises (un accroissement d'investissement) signifie un accroissement de revenu pour les ménages, lequel signifie un accroissement de revenu pour d'autres entreprises, lequel signifie un accroissement de revenu pour d'autres ménages, à l'infini. Il peut exister des multiplicateurs expansionnistes aussi bien que récessifs. Par exemple, une dépense publique signifie un accroissement de revenu pour des entreprises, donc pour des ménages, donc pour des entreprises, donc pour l'État *via* l'impôt. En revanche, une réduction du déficit budgétaire diminue le revenu de catégories économiques, donc diminue les recettes fiscales, donc peut provoquer au bout du compte un accroissement du déficit.

Voyons toute la philosophie « consommationniste » de Keynes à travers le multiplicateur.

L'égalité macroéconomique (revenu = consommation + investissement) dans une économie fermée (sans échange international ou, ce qui revient au même, où le commerce international est en équilibre) s'écrit : $Y = C + I$.

Soit, supposant que les consommateurs consomment une fraction c de ce revenu Y (c exprimant la « propension à consommer », si je consomme 80 % de mon revenu, j'ai une propension à consommer, c de 80 %, et une propension à épargner, $1 - c$ de 20 %) :

$Y = cY + I$

soit $Y (1 - c) = I$

soit $Y = (1/1\text{-}c)$ que multiplie I

soit $Y = kI$, ou $k = 1/1 - c$

$1/1\text{-}c$ est le multiplicateur d'investissement. Ainsi, il existe une relation très simple entre le revenu national et l'investissement national multiplié par... le multiplicateur. Celui-ci est l'inverse de la propension à épargner (dans notre exemple, 1/[1-80 %], soit 100/20 = 5). Le revenu national est égal à cinq fois l'investissement national.

Les conséquences de cette minuscule équation comptable sont considérables.

En premier lieu, elles permettent de comprendre toute la philosophie « consommationniste » du keynésianisme : plus la consommation est forte, plus le multiplicateur est fort. Qu'on nous pardonne ce pléonasme, mais plus l'épargne est forte, plus, paradoxalement, l'effet d'un investissement sur le revenu global est faible... En période de dépression, il convient d'encourager la consommation et non l'épargne, qui ajoute de la récession à de la récession.

En second lieu, cette équation $Y = kI$ se généralise à une variation du revenu national : $dY = kdI$. Une variation de l'investissement induit une augmentation du revenu national. Il faut considérer ce dI, cette variation d'investissement, non pas comme un ajout réel de machines, mais comme une simple dépense monétaire, une dépense publique par exemple, une dépense autonome. À la limite, il faut creuser des trous et enfouir des bouteilles pleines de livres sterling en disant aux gens d'aller les chercher : voilà qui créera de l'activité par la dépense !

En troisième lieu, ce n'est pas l'épargne qui détermine l'investissement (philosophie de l'offre, économie de l'offre, politique économique de l'offre : diminuer les impôts des riches, et ils offriront de l'épargne qui créera de l'investissement qui créera de l'emploi), c'est exactement l'inverse. L'investissement est moteur. L'investissement tire l'épargne. Mieux : l'investissement va induire l'épargne qui lui est nécessaire.

Reprenons notre équation de variations, où dI est l'investissement autonome. On a :

$dY = kdI$; soit $dY = (1/1 - c)dI$; soit $(1 - c)dY = dI$.

Mais qu'est-ce que ce $(1 - c)dY$, sinon la propension à épargner que multiplie l'accroissement de revenu, autrement dit l'accroissement d'épargne ? $(1 - c)dY$ n'est autre que dS et, finalement, tout est bien qui finit bien :

$$dS = dI.$$

L'investissement autonome a engendré sa propre épargne nécessaire à son financement, grâce à un accroissement de revenu. C'est le problème de la poule et de l'œuf : soit on considère que l'œuf engendre la poule (l'investissement crée l'épargne, Keynes), soit on considère que la poule engendre l'œuf (l'épargne crée l'investissement, néo-classiques orthodoxes, libéraux).

Quatrième point, cette petite équation montre aussi les limites des politiques keynésiennes de demande. Comment réinterpréter le multiplicateur en termes dynamiques ?

Supposons un investissement des entreprises, autonome, dI. Il devient un revenu des consommateurs. Puis un revenu des entreprises $(c)dI$. Puis un revenu des consommateurs. Puis un revenu des entreprises $(c \times c)dI$. Puis un revenu des consommateurs, lequel devient un revenu des entreprises $(c \times c \times c)dI$. Et à l'infini. Au bout du compte à l'infini, on obtient ses $(1/1 - c)$ et on retrouve bien $(1/1 - c)$, soit notre cher multiplicateur. Donc, pour que le multiplicateur fonctionne, il faut que le revenu circule. Que la chaîne solidaire des consommateurs et des entrepreneurs ne soit pas rompue. Or, il y a de multiples raisons pour qu'elle le soit. Supposons que les consommateurs ne jouent pas le jeu : au lieu de rendre le revenu qu'on leur a donné aux entreprises, ils importent... Ils achètent à l'étranger ! La relance Mauroy de 1982 a capoté parce que les consommateurs français ont acheté largement à l'Allemagne... Conséquence : une relance keynésienne ne peut être efficace, n'aurait de sens aujourd'hui qu'au niveau européen, l'Europe étant relativement fermée par rapport au reste du monde.

Supposons que les consommateurs thésaurisent... L'efficacité de la politique keynésienne est nulle. Supposons que les entreprises délocalisent, remboursent des dettes, fassent partir de multiples manières l'argent hors du circuit économique, bref, rompent la chaîne : le multiplicateur ne joue pas. Supposons que les entreprises n'embauchent pas, donc ne redistribuent pas le revenu, et se contentent d'écouler des stocks. Pas de multiplicateur. Supposons que la production des entreprises soit rigide : le multiplicateur va multiplier... les prix ! Une politique de relance avec une offre rigide sans embauche débouche sur de l'inflation. Et on pourrait multiplier les exemples où la chaîne des revenus se brise. Retenons qu'une politique keynésienne doit être globale, collective, et qu'elle suppose que l'argent injecté circule. Sinon, rien. Le pire est d'injecter de l'argent lorsque le taux d'intérêt est très bas (au niveau au-dessous de la « trappe à liquidité ») : cet argent ne circule pas, mais s'enfonce dans les sables de la thésaurisation ou part à l'étranger :

c'est le cas du Japon de l'année 1999 qui émet des quantités astronomiques d'argent avec peu de résultats.

Retenons que, dans le schéma keynésien, l'épargne ne joue pas de rôle moteur. Ce *d*I, cet investissement autonome, est une dépense monétaire, une création d'argent nouveau. Cette création libère l'investissement de la contrainte préalable d'épargne, et de fait permet la croissance, qui n'existerait pas sans elle. La hausse de revenu et le surcroît d'épargne consécutif à celle-ci viennent, *a posteriori*, « valider » la décision d'investissement. L'épargne n'est qu'un reliquat. Il en résulte, d'un point de vue économique autant que moral, qu'elle ne justifie aucune décision, ni, surtout, aucune récompense sous la forme de l'intérêt. Keynes n'aime pas les épargnants. Il aime les entrepreneurs, les inventeurs, et les personnes dépensières.

Quid de la monnaie ? Celle-ci, « le lien social fondamental » et « ce que de temps à autre la Banque centrale déclare être le moyen légal d'éteindre les dettes » (*Essais*, p. 20), est bien la manifestation d'une confiance collective partagée, d'une foi dans la « réalité » de la liquidité : l'institution bancaire crée la monnaie qui est réalisée dans la hausse du produit et du revenu, hausse qui maintient la confiance dans cette monnaie. On ne saurait concevoir l'économie sans cette croyance collective. Nous retrouvons maintenant, au-delà du multiplicateur, le projet scientifique fondamental de Keynes, qui est celui d'une économie monétaire de la production, et le principe de la politique économique keynésienne : limiter la détention de liquidité par les rentiers, improductive, injecter de la liquidité vers ceux qui en ont besoin et sont susceptibles de la faire circuler dans l'économie, les consommateurs.

Politique monétaire et budgétaire

Entre la « politique budgétaire », la *fiscal policy*, la relance par le déficit du budget, les grands travaux publics (les budgets se rééquilibrant automatiquement tels qu'ils ont été décrits par Hansen ou Haavelmo), la politique monétaire, le contrôle de la liquidité, il n'y a pas à hésiter : la seconde est l'aspect majeur du keynésianisme, et il est vraiment plus que regrettable que le mot « monétariste » soit accolé aux anti-keynésiens. « Il n'y a pas de moyen plus subtil et plus efficace de renverser les fondements actuels de la société que de corrompre sa monnaie » (*CW*, II, 148), mais « dans notre monde moderne de crédit bancaire, il est impossible d'éviter la monnaie dirigée, que cela nous plaise ou non » (*CW*, IV, 21). Le contrôle de la monnaie, l'assurance d'une monnaie abondante permettra un taux d'intérêt relativement bas. Quand le Premier consul créait la Banque de France, il le faisait dans le but de faire pression à la baisse sur les taux d'intérêt.

On pourrait même affirmer que le fondement de la politique économique keynésienne est d'assurer la liquidité de l'économie, non pas la fuite vers la liquidité (le refus d'investir et la déflation) mais le crédit nécessaire à la dépense et à l'investissement. « Si le Trésor était disposé à emplir de billets de banque de vieilles bouteilles, à les enfouir à des profondeurs convenables dans des mines désaffectées qui seraient ensuite comblées avec des détritus urbains, et à autoriser les entreprises privées à extraire de nouveau les billets suivant les principes éprouvés du laissez-faire [...] le chômage pourrait disparaître [...]. À vrai dire, il serait plus censé de construire des maisons ou quelque chose de semblable, mais, si des difficultés politiques et pratiques s'y opposent, le moyen précédent vaut mieux que rien. » (*TG*, 219.)

Voilà pourquoi le contrôle de la liquidité par l'État à travers la Banque centrale, le contrôle des mouvements de capitaux (avec, s'il le faut, une forte taxe sur la spéculation – déjà la taxe Tobin [1]), la fixité des changes, l'idée d'une Banque mondiale contrôlant toutes les banques centrales et soumise au pouvoir politique des Nations unies sont des idées de Keynes qui ont mûri dans ses écrits et ont été exprimées lors de la conférence de Bretton Woods, où il représenta la Grande-Bretagne.

Son interventionnisme n'est pas dogmatique mais orienté par un principe de subsidiarité : « Les agendas de l'État ne sont pas les fonctions qui sont déjà remplies de manière privée mais celles qui ne le sont pas, et les décisions qui ne seront prises par personne si l'État ne les prend pas. » (*La fin du laissez-faire.*) La « guerre économique » entre les nations menée au nom des parts de marché, de la recherche de l'excédent commercial par la déflation, de la pression sur les salaires et la liquidité n'est pas une bonne chose : le commerce international engage les nations concurrentes dans une spirale déflationniste, et il y a des chances que la guerre économique débouche sur d'autres formes de guerre. La concurrence exacerbée conduit au mauvais équilibre, l'équilibre bas, équilibre de déflation et de sous-développement, alors qu'un protec-

1. Éminent économiste keynésien s'il en est !

tionnisme intelligent, à défaut d'une politique coordonnée au niveau mondial, enrichira et apaisera le monde. La politique coordonnée au niveau mondial fut ébauchée à la conférence de Bretton Woods, où il mit tout son espoir et sans doute ses dernières forces, et à la fin de laquelle il reçut une incroyable ovation, tous les participants debout chantant *For he is a jolly good fellow*. Le plan Keynes que l'on oppose à juste titre au plan White, qui donna naissance au FMI et à la Banque mondiale, était tout simplement une ébauche de gouvernement économique mondial, laissant une large subsidiarité aux nations. Keynes avait trop souffert de voir la « concurrence déflationniste » entre les nations, durant l'entre-deux-guerres (ce type de concurrence qui conduit à pressurer sans cesse le coût du travail pour réaliser des exportations), les conduire de la guerre économique à la guerre, pour ne pas être obsédé par l'idée d'une régulation mondiale de l'économie. Il est de la tradition de Montesquieu, le plus grand économiste français, nous dit-il dans la préface de la *Théorie générale*. Il pense que le « doux commerce » et l'enrichissement mutuel apportent la paix aux nations. La concurrence sauvage apporte la guerre.

« Euthanasier le rentier »

Cependant, derrière la politique économique, se trouvent la politique, le partage du gâteau national. À qui ira le gâteau ? Aux jeunes, endettés, entreprenants, créatifs, non encore propriétaires, ou aux rentiers, plutôt vieux, l'œil sur la ligne bleue de l'horizon de leur vie ? Aux hommes d'affaires ou aux épargnants ? À ceux qui créent et travaillent ou aux oisifs, aux rentiers ?

La déflation profite à ces derniers, en favorisant la hausse du taux d'intérêt et la rémunération de leur capital. Mais alors que la prise de risque face à l'incertitude peut justifier la prime de risque appelée profit de l'entrepreneur, qui n'est qu'une captation de la valeur ajoutée créée par l'entreprise, le taux d'intérêt qui rémunère la rareté du capital n'a aucune justification. Voilà pourquoi la *Théorie générale* s'achève sur la célèbre euthanasie du rentier. « Malgré la disparition des rentiers il y aurait encore de la place pour l'entreprise et pour l'habileté dans l'estimation de rendements escomptés susceptibles d'être évalués différemment. Car ce qui précède s'applique essentiellement au taux d'intérêt pur, net de toute prime de risque ou d'allocation, et non au rendement brut des actifs, prime de risque comprise. » (*TG*, 221.) Il faut éviter cet idéal financier d'accumulation d'argent pour l'accumulation d'argent « cet idéal utilitarien et économique – on pourrait presque dire financier – l'unique propos respectable de la communauté envisagée globalement ; la plus redoutable hérésie peut-être qui ait atteint l'oreille des gens civilisés. Du pain, rien que du pain, et pas même du pain, et du pain accumulé à intérêts composés jusqu'à ce qu'il soit devenu pierre » (à la *BBC*, printemps 1936). Tout ce que touchait Midas devenait métal. Keynes, disant ceci, redoutait une dépense folle qui ruinerait fortement l'épargne, la guerre. La guerre d'Espagne allait éclater. Il ne se trompait pas. Autant euthanasier pacifiquement les rentiers, avant que la guerre se charge de les ruiner, et au passage de tuer physiquement les classes jeunes et productives. Keynes fut objecteur de conscience, rappelons-le, et l'une de ses plus grandes souffrances fut de voir ses amis de Cambridge tués pendant la Grande Guerre, puis son filleul, tué pendant la guerre d'Espagne.

L'euthanasie du rentier, c'est « l'euthanasie du pouvoir oppressif et cumulatif que le capitaliste retire de l'exploitation de la rareté du capital ». Elle n'aura pas d'incidence sur la croissance économique tant que continueront à être raisonnablement rémunérés « l'intelligence, le dynamisme, la compétence du financier, de l'entrepreneur et *tutti quanti* (dont la passion pour leur métier est telle que l'on pourrait obtenir leur travail à bien meilleur marché qu'aujourd'hui » [*TG*, p. 370]). Et l'héritage ? Keynes est pour sa suppression. Tout simplement.

Qu'est-ce que la tyrannie des marchés financiers aujourd'hui, sinon la tyrannie des nouveaux rentiers, les épargnants des classes moyennes ou supérieures, parvenues et vieillissantes ?

Chapitre 5

Qu'est-ce qu'un économiste ?

En décembre 1930, avec la publication du *Treatise on Money*, Keynes est sorti de son personnage public de pamphlétaire et joue le rôle du professeur. Le *Traité* n'est pas destiné au grand public, mais aux « professionnels ». Commencé en 1924, relu en 1929, publié en deux tomes en 1930, cet ouvrage austère se préoccupe, selon le mot de l'auteur, du « bien-être du monde » ! L'*American Economic Review*, sous la plume de Ch. O'Hardy, salue ce livre comme « une analyse magistrale, intelligible, et extraordinairement dénuée d'erreurs ».

Avec la *Théorie générale*, Keynes refait le « coup du professeur ». Mais l'impact de la *Théorie générale* fut infiniment plus considérable. La *Théorie* fut d'abord une révolution scientifique.

Alain Barrère, qui a introduit Keynes en France, est l'un des premiers à avoir souligné ce que le projet keynésien contenait de « radical » : il s'agit rien moins que d'inventer une économie monétaire de la production, c'est-à-dire réintroduire la monnaie dans l'économie réelle ; faire que celle-ci devienne « endogène », *challenge* qu'aucun économiste, sauf peut-être Marx (et les questions monétaires sont les rares pour lesquelles Keynes reconnaît quelque intérêt aux écrits de Marx), n'avait véritablement relevé. Il s'agissait rien moins que démontrer que le marché est inefficace, et déséquilibré par essence. La théorie des jeux, qui a envahi la théorie économique à partir des années soixante, n'a fait que confirmer cette idée-force : le marché n'est pas efficace et s'il donne un équilibre, c'est le mauvais, l'équilibre « bas » et non l'équilibre « haut ». La mondialisation contemporaine conduit à un équilibre bas : inégalité croissante des revenus et inégalité croissante entre les pays, et destruction de la planète. Même la théorie orthodoxe a fini par admettre, dans les années soixante-dix, à la suite des travaux de Debreu, de Sonnenshein, ou d'autres que « la loi de l'offre et de la demande » était quelque chose d'erratique, d'aberrant, et certainement pas porteuse d'équilibre.

La *Théorie générale* fut ensuite une révolution dans la politique économique. Désormais, les dirigeants disposaient d'« outils » et de principes permettant de réguler la conjoncture. Il ne faut certes pas négliger la politique économique keynésienne.

Mais il ne faut pas réduire Keynes au « keynésianisme », version macroéconomique et comptable de sa pensée, même s'il fut, selon son expression, un « réformateur obsessionnel » et un homme politique adhérent au Parti libéral dont il prépara le programme en 1928, un libéral tendance universalité (« la république de mon imagination se situe à l'extrême gauche de mon espace céleste »). Il est aussi un praticien de la politique économique, un « gourou » (« le devoir d'un économiste est d'influencer l'opinion publique »), un gestionnaire, un gouverneur de banque centrale. Keynes connaissait très bien la « pratique » économique. Pas moins homme dans sa tour d'ivoire que lui. Mais toute cette technique de la politique économique (la cuisine budgétaire – relance de la consommation en réduisant les impôts, freinage de la surchauffe en l'augmentant –, la cuisine monétaire – pression sur les taux d'intérêt en injectant de la liquidité) n'est que le petit bout de la lorgnette d'une grande vision philosophico-économique.

Conseils aux économistes

Les génies ont-ils une méthode de travail particulière ? Probablement pas, et Keynes moins que les autres. Sa façon de travailler, avec une immense préférence pour la station allongée, était extrêmement éclectique, faisant constamment appel à la critique d'autrui (l'économiste et ami Dennis Robertson, le « Cirque de Cambridge », Kahn, Harrod, Robinson, Sraffa...). Bien que terrible dans la discussion, il révisait sans peine ses jugements : ainsi vis-à-vis de sa théorie des probabilités, vertement critiquée par le jeune logicien Frank Ramsey. Ni dogmatique ni doctrinaire. Sa conception de l'économie fait de celle-ci une pratique, oscillant entre art et méthode, à l'opposé de la logique axiomatique qui perçait déjà dans les milieux économiques de l'entre-deux-guerres. « L'économie est une science qui pense en termes de modèles, associée à l'art de choisir entre ces modèles ceux qui sont pertinents par rapport au monde contemporain. [...] Le but de notre analyse n'est pas de fournir une machine, ou une méthode à appliquer aveuglément, qui donneraient des réponses infaillibles, mais de nous munir d'une méthode rationnelle et ordonnée pour résoudre des problèmes particuliers. » (*Théorie générale.*) On peut ajouter que tous les moyens sont bons pour faire passer les idées économiques, pourvu qu'ils soient talentueux. Au terme de son *Traité sur les probabilités*, on trouve cet étrange aveu : « En écrivant un livre de cette sorte, l'auteur doit, s'il veut énoncer son point de vue clairement, faire parfois semblant d'avoir un peu plus de conviction qu'il n'en ressent. Il doit, pour ainsi dire, laisser courir ses chances à son argumentation et ne pas être trop enclin à déprimer sa vitalité par un nuage humide de doute. C'est une lourde tâche que d'écrire sur ces problèmes ; et le lecteur voudra bien m'excuser si je suis parfois passé plus rapidement que des difficultés non surmontées le permettaient, et avec incontestablement plus de confiance que je n'en ressentais. » En clair, je ne suis pas très sûr de ce que j'écris, mais j'ai un bon moral et ayez donc le moral. Cette conception « rhétorique » de l'expression scientifique, qui conduit à une « rhétorique de l'économie », pour reprendre l'expression de D. McCloskey, est tout à fait keynésienne. Dire que l'économie est une rhétorique, c'est, pour Keynes, plutôt lui faire un compliment.

Mais le fait qu'elle oscille entre l'art et la science, est ce qui rend l'économie extrêmement complexe : « Qu'est-ce qui explique le paradoxe, écrit-il dans son essai sur son maître Marshall, que bien que l'économie soit prisée intellectuellement et qu'elle soit un sujet relativement facile comparé aux plus hautes branches de la philosophie et de la science pure, les économistes compétents et talentueux soient des "oiseaux rares" ? Le paradoxe trouve son explication de ce que le maître en économie doit posséder une rare combinaison de dons… Il doit être mathématicien, historien, homme d'État, philosophe à un certain niveau. Il doit comprendre les symboles et parler en mots. Il doit observer le particulier en termes généraux et toucher l'abstrait et le concret du même élan de la pensée. Il doit étudier le présent à la lumière du passé et à l'usage de l'avenir. » (*CW*, X.) Une autodescription, en quelque sorte. Il avait le sentiment de faire une grande œuvre, et sans doute d'être génial, avec une conception universitaire du génie : « Le talent est héréditaire, le génie qui est une action de la raison et de l'imagination, l'est rarement ou jamais. »

On a beaucoup écrit sur la créativité de Keynes, liée à son androgynie, largement partagée dans le cocon de Bloomsbury qui révéla au moins un autre génie (Virginia Woolf). Que l'on sache qu'il partagea avec Descartes et Proust une passion pour un lieu de méditation et de découvertes exceptionnel, le lit. Il adorait son lit.

Que l'on n'oublie pas non plus son amour de l'Histoire. « L'économiste, écrivait-il au début de sa carrière, doit étudier le présent à la lumière du passé pour le bien du futur. » Le bien du futur, et non le futur : c'est le contraire de l'attitude « prévisionniste » qui empoisonne la science économique contemporaine, et l'oblige à chercher au pis des lois, au mieux des tendances. Notre jugement sur le futur guide notre analyse historique du présent économique. Même dans les pages formelles de Keynes, « l'absence d'une quelconque dimension historique explicite ne devrait pas nous empêcher de voir les racines pratiques et historiques des équations de Keynes » (R. Skidelsky). L'Histoire est une des composantes essentielles de la perception de l'économiste. On pourrait ajouter… la passion. « Y a-t-il rien qui vaille la peine, sinon une perception passionnée ? » écrit-il à son ami Swithinbank. Keynes était « amateur » d'Histoire au sens noble du mot. L'Histoire, disait-il, donnait une « dimension ajoutée » à l'analyse.

Newton et Jevons

Il était souvent injuste. Il ignora superbement l'école autrichienne, Böhm-Bawerk et la théorie du capital, prestement exécutés en bas de page dans la *Théorie générale*. Une de ses plus grandes injustices fut vis-à-vis de Marx, dont il comparait l'intérêt des écrits à celui du Coran. « La valeur économique du *Capital* est nulle », écrivit-il à G.B. Shaw – et pourtant, sa conception du profit comme « captation », du travail créateur de valeur, de l'échange global A-M-A' (argent, marchandise, plus d'argent) est bien marxienne ! Et au même G.B. Shaw : « Vous devez savoir que je suis en train d'écrire un livre sur la théorie économique qui, me semble-t-il, révolutionnera largement – non pas d'un seul coup, j'imagine, mais au cours des dix années à venir – la manière dont le monde aborde les problèmes économiques. Quand ma nouvelle théorie aura été dûment assimilée et mêlée à des politiques, à des sentiments et à des passions, je ne puis prédire quel en sera finalement l'effet sur les agissements et sur les affaires. Mais il y aura un grand changement, et en particulier les fondations ricardiennes du marxisme voleront en éclats. »

Affirmation extraordinaire, par l'arrogance du créateur tout à la joie de sa création et l'exactitude de sa prédiction : dix ans plus tard, P.A. Samuelson affirmait, émerveillé, que ce livre était un « mutant, arrivé par surprise ».

La dernière recherche de Keynes fut une biographie de Newton qui nous éclaire sur sa propre personnalité et sa conception de la recherche et des découvertes. Newton n'était pas le grand rationaliste, le grand esprit « scientifique » révéré, mais plutôt « le dernier des magiciens, et un névrosé profond d'une espèce peu commune mais – je me fonde sur mes archives – un cas extrême. Ses instincts les plus profonds étaient occultes, ésotériques, sémantiques. » Keynes évoquait sa timidité, sa solitude, son homosexualité, l'amour de sa mère. Son inventivité scientifique « était due à ses muscles de l'intuition, les plus forts et les plus résistants dont un homme ait été pourvu ». Son intuition, « souverainement extraordinaire » était la clef de ses découvertes. « Newton possédait à un degré exceptionnel presque toutes les aptitudes intellectuelles : il n'était pas moins juriste, historien, théologien que mathématicien, physicien ou astronome. » Encore la pluridisciplinarité indispensable à l'art de l'économie. Ajoutons que Newton finit haut fonctionnaire (« maître de la Monnaie ») et heureux spéculateur. Comme Keynes.

Parmi les économistes qu'il admirait, Stanley Jevons « à cause de la diversité de ses talents : adepte de “magie noire en économie inductive” [*sic*, décidément, la magie !] ; grand logicien » (n'oublions pas que Keynes posséda quelques rudiments de logique et fut le seul, avec Frege et Russell, à avoir eu l'honneur de lire les épreuves du *Tractatus logico-philosophicus* de Wittgenstein, et Wittgenstein (« le fou divin », disait Maynard) n'était pas généreux en matière de personnes dignes d'accéder à sa pensée) ; et surtout éprouvant une passion pour l'histoire de l'Antiquité. Comme Keynes. Ajoutons qu'il était un fervent individualiste, et l'on comprendra que c'est inspiré par la vie de Jevons que Keynes conclut que l'économie était « une branche des sciences morales extrêmement attirante, où la théorie et les faits, l'imagination intuitive et le jugement pratique s'associent confortablement à l'intelligence humaine » (Hession, p. 136).

Retrouver l'éthique

Le révolutionnaire, le novateur, regrettait-il le temps où l'économie était une branche de la philosophie ou de l'éthique ? Certainement. Peu après avoir été nommé l'un des gouverneurs de la Banque d'Angleterre, il écrivait : « Tout au long d'une ligne unique depuis les origines, l'économie ou, à plus proprement parler, la politique économique, est un aspect de l'éthique. Marshall a toujours insisté sur ce fait que c'est à travers l'éthique qu'il est parvenu à l'économie politique, et je me réclame de ce point de vue, comme de bien d'autres, pour revendiquer d'avoir été son élève. Je croirais volontiers que presque tous les économistes anglais de la tradition, à l'exception de Ricardo, ont rejoint l'économie de cette manière. Il n'existe pratiquement aucune question en politique, si on la distingue de la technique, qui n'implique de considération éthique. » (À l'archevêque de York, novembre 1941.)

Voilà qui est clair. Ajoutons que bien que très amateur de statistiques, dans lesquelles il glanait un peu comme un chasseur d'insectes rares, il ne prisait guère la « technique » incarnée dans la naissante et triomphante économétrie. Il écrivit même à Kahn « qu'elle constituait une complète mystification ». Il n'était pas persuadé que « ce brandon de l'alchimie statistique pût devenir une branche de la science ». Il n'en devint pas moins président de l'Econometrics Association pendant deux ans (1944 et 1945). Toute la différence entre Keynes et les économètres tient à ce que la technique économétrique repose sur la notion de « lois économiques » (ainsi la « loi » du multiplicateur keynésien, tarte à la crème de tous les modèles économétriques modernes), et que Keynes n'a jamais admis la possibilité d'utiliser le concept de loi de la manière dont peuvent l'utiliser les physiciens : l'avenir économique, répétons, n'existe que dans le *jugement* actuel des hommes.

Il est très heureux que l'on redécouvre aujourd'hui Keynes (à travers l'économie des conventions par exemple, et dans des ouvrages pédagogiques comme ceux de Combemale), dans ses aspects éthique, politique, et philosophique, au-delà de l'interprétation mécanique et fausse, tout simplement, qu'en avait faite la parenthèse néo-keynésienne et économétrique. L'« interprétation » de Keynes commença avec le célèbre diagramme IS-LM de Hicks, popularisé par les « keynésiens », Hansen, Haavelmo et les prix Nobel Klein, Modigliani, et Samuelson. Dès 1968, le professeur Leijonhufvud démontra la disparité existant entre la pensée de Keynes et l'école du keynésianisme. Hicks désavoua son célèbre graphique en 1976 : « Les équilibristes généraux ne savaient pas qu'ils étaient battus. Ils pensaient que ce que Keynes avait écrit pouvait être absorbé à l'intérieur de leur système d'équilibre… Le graphique IS-LM réduit la *Théorie générale* à une économie de l'équilibre ; il n'est pas réellement à l'heure. » Dont acte. Mais, hélas !, c'est toujours Hick qu'on enseigne, et rarement Keynes.

Conclusion

La cité idéale de Maynard Keynes

On a peut-être raison de ne pas enseigner Keynes. On serait sans doute effrayé par son radicalisme, son goût de l'utopie, et ses visions prophétiques.

Dans les dernières pages de la *Théorie générale*, Keynes fait un extraordinaire éloge d'un homme d'affaires et économiste, un « utopiste », diraient avec dédain les savants, un grand économiste, dit Keynes, dont les étudiants en économie n'entendent jamais parler : Silvio Gesell (1862-1930). Qui oserait aujourd'hui faire l'éloge de Silvio Gesell, le théoricien du système de la « monnaie fondante », la monnaie qu'on ne peut thésauriser ou placer, système qui coupe l'herbe sous les pieds du rentier ?

Keynes utopiste ? Pourquoi pas ? Il pensait que les « investissements socialement utiles » devaient être protégés et encouragés. Que les inégalités devaient être réduites (« Les deux vices marquants du monde économique sont l'incapacité à assurer le plein emploi et le caractère arbitraire et inéquitable de la fortune et des revenus » [*TG*, p. 366].) Que les très grosses entreprises devaient avoir un statut particulier les éloignant du fonctionnement de la société anonyme. Que l'héritage devait être supprimé. « Je crois que les germes de la décadence intellectuelle du capitalisme individualiste sont à chercher dans une situation qui n'est d'ailleurs pas propre au capitalisme mais qu'il a reprise du système féodal, à savoir le principe héréditaire. La transmission héréditaire de la richesse et du contrôle des firmes est la raison pour laquelle les défenseurs de la cause capitaliste sont aussi faibles et stupides. » (*CW*, IX, 299.)

Que l'économie de marché existe, régulée, apportant l'abondance, qu'elle permette de satisfaire le besoin du lucre, du risque et du jeu, en attendant que le besoin du lucre disparaisse du fait de la civilisation, mais qu'elle soit limitée : « Pour satisfaire les penchants à l'enrichissement personnel, il n'est pas nécessaire que la partie se joue avec des mises aussi élevées qu'aujourd'hui. Avec des mises plus faibles, le jeu serait tout aussi efficace, dès lors que les joueurs en auraient pris l'habitude. » (*TG*, 374.)

L'économie capitaliste bien tempérée apportera donc l'abondance, le pain pour être consommé, et non le pain pour le pain jusqu'à ce qu'il se transforme en pierre et qu'il transforme la terre en pierre. Encore, en pierre passe ! Mais en béton ! Mais du pain, rien que du pain, ou du pain, des jeux et des arts ?

La publication de la *Théorie générale* coïncide avec l'ouverture du Théâtre des Arts de Cambridge, dont il suivit la genèse dans les moindres détails – jusqu'au menu du restaurant – et dont il finança partiellement la construction. Le théâtre sera un peu plus tard offert à une association caritative. Cette même année, à la *BBC*, il évoquait « le phénomène social le plus profond de cette période, l'émergence de la femme moderne » et parlait d'écologie, d'environnement, d'architecture et d'esthétique. Il déplorait le manque d'égards de l'État pour les monuments nationaux irremplaçables, son incapacité à promouvoir ces cérémonies publiques, spectacles et divertissements culturels donnant à l'homme ordinaire le sens de la communauté. « L'exploitation et incidemment la destruction de ce présent divin qu'est l'amuseur public, par sa prostitution en faveur de profits financiers est l'un des pires crimes du capitalisme d'aujourd'hui. » Les divertissements culturels répondent au « besoin de solidarité qui est irrépressible chez l'homme ». Mais ce n'est pas tout : il suggérait la création d'une commission pour les espaces publics qui aurait pour vocation d'empêcher la dégradation de l'environnement et la sauvegarde des monuments, proposait des plans de restauration des principales églises et rues du pays et, après avoir rasé les taudis, de « construire le quartier populaire le plus magnifique, le plus spacieux, et le plus sain du monde... Pourquoi l'ensemble de Londres ne serait-il pas l'équivalent de St. James Park et de ses alentours ? »

Pourquoi, en effet ? Quel visiteur des banlieues d'aujourd'hui ne souscrirait à cet appel ? Après tout, si le divertissement pascalien est un oubli de la mort, autant qu'il soit un « divertissement culturel » au milieu des belles choses, qu'un abrutissement dans l'oisiveté forcée au milieu de la laideur.

Voilà un économiste passionné par la beauté, mais ne faisant pas de celle-ci un *hobby* ou une passion en dehors des heures de bureau économique, mais une partie de sa réflexion économique !

On a beaucoup reproché à Keynes son côté aristocrate charitable. Au fond, son dégoût des classes populaires « grossières et mal éduquées » l'aurait plutôt conduit à vouloir les transformer en classes moyennes, un peu mieux nourries. Il n'en est rien. C'est la philosophie communautaire et solidaire associée à l'esthétique, glanée dans la philosophie antique qui lui donne ce regard d'économiste citoyen. Il appartient à la Cité, et la Cité doit être belle pour tous, ce qu'avaient compris les classes dominantes jusqu'à ce que le capitalisme se transforme en capitalisme de « masse » avec tout ce qu'il y a de méprisant dans le mot.

Croissance équilibrée, durable, soutenable, fondée sur une démographie bien maîtrisée (Keynes sera clairement malthusien en matière de croissance de la population), ces choses sonnent extraordinairement clair à nos oreilles, au moment où l'on découvre les ravages de la production de masse en matière agricole ou les pollutions industrielles. Quelle clairvoyance !

Mais il y a plus. Keynes, qui n'aimait guère les prévisions, pensait néanmoins que vers l'an 2030, la question économique aurait disparu, et la collectivité, apaisée, se consacrerait à l'éducation, aux arts, à la beauté et, n'oublions jamais, au culte de l'amitié. Qu'est-ce que cela veut dire ? Au-delà de la guerre économique, au-delà même de la croissance soutenable, il y a la stationnarité à la John Stuart Mill, la communauté apaisée se consacrant aux arts et aux sciences, débarrassée de la contrainte économique, débarrassée de ce besoin d'accumuler pour accumuler et de transformer le pain en pierre. Débarrassée de la dictature des intérêts composés.

Aujourd'hui, la seule raison de vivre des classes dirigeantes paraît être l'accumulation pour l'accumulation, l'argent pour l'argent, la productivité pour la productivité, la vitesse pour la vitesse. Le rentier, l'homme des intérêts composés, Midas, Harpagon (pardon : le boursier sur sa montagne de dollars) triomphe. La vitesse pour quoi, au fait ? Pour s'entasser dans des bouchons ? Et pour aller où ? Vers une mort certaine avec la certitude d'une vie stérile ? Le message de Keynes sonne comme un tintement de clochette dans le fracas du périphérique. Il songeait que les hommes des années 2030 ne travailleraient que trente heures par semaine et consacreraient leurs loisirs au culte de l'amitié et de la beauté. La seule chose qui pourrait les empêcher de le faire, serait la peur de la liberté. « Comment employer la liberté arrachée aux contraintes économiques ? [...] Je vois venir l'âge de l'abondance et de l'oisiveté sans crainte. » (*Essais*, p. 136.)

L'homme osera-t-il être libre ?

Pour en savoir plus

Ouvrages de John Maynard Keynes

Collected Writings (CW), 39 volumes, dont :
Vol. I, *Indian Currency and Finance* (1913).
Vol. II, *The Consequences of the Peace* (1919).
Vol. III, *A Revision of the Treaty* (1922).
Vol. IV, *A Tract on Monetary Reform* (1922).
Vol. V et VI, A *Treatise on Money* (1930).
Vol. VII, *The General Theory* (1936).
Vol. VIII, *A Treatise on Probabilities* (1921).
Vol. IX, *Essays in Persuasion* (1931).
Vol. X, *Essays in Biography* (1933).
Vol. XI et XII, *Economic Articles and Correspondence.*
Vol. XIII et XIV, *The General Theory and After* (1937).

En français :

Théorie générale de l'emploi, de l'intérêt et de la monnaie (TG), Paris, Payot, 1969.
Essais sur la monnaie et l'économie (Essais), Paris, Payot, 1971.
Le Docteur Melchior, un ennemi vaincu, Paris, Climats, 1993.
Comment payer la guerre, Paris, L'Harmattan, 1996.

The End of « Laisser-faire », Marseille, Agone Éditeur, 1999.

Ouvrages sur Keynes

Lucien Orio, Jean-José Quilès, *L'économie keynésienne, un projet radical*, Paris, Nathan, 1993.
Pascal Combemale, *Introduction à Keynes*, Paris, La Découverte, coll. « Repères », 1999.

Biographies

Charles Hession, *John Maynard Keynes*, Paris, Payot, 1983.
Robert Skidelsky, *John Maynard Keynes*, 2 tomes, Londres, Macmillan, 1992.
Donald E. Moogridge, *Maynard Keynes, an Economist's Biography*, Londres, Routledge, 1992.

Sommaire

DANS LA MÊME COLLECTION

Alfred Grosser
Les identités difficiles

Maurice Bertrand
La fin de l'ordre militaire

Guy Hermet
Le passage à la démocratie

François Rachline
Services publics, économie de marché

Henri Rey
La peur des banlieues

Jean-Pierre Rioux
Tombeaux pour la gauche

Olivier Dollfus
La mondialisation

Roland Cayrol
Médias et démocratie : la dérive

Karoline Postel-Vinay
Le Japon et la nouvelle Asie

Philippe Moreau Defarges
Un monde d'ingérences

Lilly Marcou
Le crépuscule du communisme

Jocelyne Cesari
Faut-il avoir peur de l'islam ?

Maurice Agulhon
Coup d'État et République

Marco Martiniello
Sortir des ghettos culturels

Catherine Wihtol de Wenden
La citoyenneté européenne

Paul Mathias
La cité Internet

Luc Rouban
La fin des technocrates ?

Janine Mossuz-Lavau
Femmes/hommes : pour la parité

Serge Latouche
Les dangers du marché planétaire

Roger Lesgards
Conquête spatiale et démocratie

Ariane Chebel d'Appollonia
Les racismes ordinaires

Nicole Gnesotto
La puissance et l'Europe

Pascal Boniface
La France est-elle encore une grande puissance ?

Patrice Béghain
Le patrimoine : culture et lien social

Philippe Braud
« Êtes-vous catholique ? »

Jacques Bichot
Retraites en péril

Philippe Moreau Desfarges
Repentance et réconciliation

Bernard Botiveau
L'État palestinien

Bernard Brunhes
Eurothérapies de l'emploi

Pierre de Senarclens
L'humanitaire en catastrophe

Catherine Wihtol de Wenden
Faut-il ouvrir les frontières ?

Catherine Larrère
Actualité de Montesquieu

Transcodé et achevé d'imprimer
par l'Imprimerie Floch
à Mayenne, en janvier 2000.
Dépôt légal : novembre 1999.
Numéro d'imprimeur : 47893.
Imprimé en France.